두 남자 이야기

깃발

조정희 장편소설

쿰란출판사

/ 추천사 /

　글은 생명입니다. 글에는 기록과 증언이 담겨집니다. 그래서 그 시대의 감춰진 단면을 글을 통해 살펴볼 수 있는 것입니다. 조정희 선생의 《깃발》에는 산업 사회와 민주화 사회를 걸어온 한 여자의 담담한 고백이 담겨져 있습니다.

　조정희 선생은 CBS 아카데미 강좌를 통해 처음 만났습니다. 매주 저녁 7시부터 10시까지 3시간의 수업을 듣기 위해, 천안에서부터 목동까지 거의 모든 수업을 빠지지 않고 참여하셨습니다. 등단을 한 기성작가가 새로운 글쓰기 장르를 공부하기 위해, 한 땀 한 땀 자신의 시간과 정성을 다하셨습니다. 그 결과, 《깃발》이라는 귀한 작품이 씨줄과 날줄로 잘 엮여서 탄생했습니다. 조정희 선생의 글에는 무언가 말로 형용할 수 없는, 생명이 있습니다. 원석 같다고 할지, 끈질긴 무엇이라고 해야 할지, 쉽게 꺾이고 부서질 것 같으면서도 면면히 모든 세월을 견디어 내고, 이겨내고 그래서 당당하게 자기 자리를 지키고 있는 들풀과 같은 생명이 있습니다.

　투박한 글 덩이에 가슴을 때리는 힘이 있습니다. 모르겠습니다. 빛보다 빠른 영상 세대 앞에서 조정희 선생의 깃발이 어떤 모양새로 나부낄지는 온전하게 읽는 이들의 몫입니다.

다만 한 가지 분명한 사실은 '깃발'에 담겨진 정직한 생명성이 그 어떤 이야기보다 더 큰 울림으로 우리에게 다가오고 있다는 점입니다.

《깃발》을 통해, 산업화와 민주화를 온몸으로 견디어 낸 우리 할머니, 나의 어머니, 고모와 내 누이의 눈물을 마셔 봅니다. 《깃발》을 통해 삶은 이기는 것이 아니라, 견디어 내는 것이라는 격려를 받아 봅니다. 《깃발》이 연극과 드라마, 그리고 영화로 만들어질 예정입니다. CBS 아카데미 글쓰기 창작반을 통해, 제2의 제3의 깃발이 펄럭이기를 기도합니다.

기도해 주신 백성기 목사님, 수고하고 애쓰신 조정희 선생께 축하의 마음을 전하고, 함께 지도해 주신 박성배 교수님과 CBS 이종성 센터장님과 그리고 현유진 교육사님, 김희선 과장님께 깊은 감사를 전합니다.

2019년 10월

윤학렬 감독

영화 '1919 유관순' 외 다수의 영화 및 드라마, CBS 방송아카데미 교수

/ 추천사 /

"그래, 내 아들. '사람이어라' 말할 수 있는 사람으로 살아줘. 사람을 알아보고, 사람을 사람으로 대접하며, 사람으로 대접받는 '나는 사람이어라' 그런 사람아이들을 기르는 사람이 되어줘. 아들."
"그렇다면 어머니, 무엇을 위해 살까요?"
"내 집! 내 여자! 내 자식!"
"그것들이 그렇게 중요할까요? 첫째로 꼽힐 만큼?"
"내 집, 내 여자, 내 자식을 제대로 지켜내지 못하는 놈들이 나라를 위해 일한다는 거, 민족을 위해 일한다는 거, 믿지 마. 말짱 헛소리야, 아들."
"그렇다면 내 집, 내 여자, 내 자식을 온전히 지켜내기 위해선 무엇을 해야 할까요? 어머니."
"끼니에 목숨을 걸어. 제대로 된 끼니. 그것을 챙기는 데 목숨을 걸라고. 다이어트 한답시고 영양실조로 쓰러지게도 말고. 너무 먹어 자귀 나게도 말고."
"그러면. 제대로 된 끼니를 챙기고 내 집과 내 여자와 내 자식들을 온전히 지키면 어디에 가서도 누구 앞에서도 '사람이어라' 말할 수 있는 건가요? 말해도 좋은 건가요? 어머니."

– 조정희 작가의 《깃발》
'내 집, 내 여자, 내 자식' 부분 중에서

    장편소설 《깃발》의 저자 조정희 작가님을 만난 것은 CBS방송아카데미에서이다. 윤학렬 교수님이 지도하는 '시나리오 작법' 강의 시간에 열정을 다하여 글을 써서 발표하고 수정하기를 수없이 반복하는 그 모습에 큰 감동을 받았다. 대한민국 최고의 시나리오 작가인 윤학렬 교수님의 지도를 받은 《깃발》은 완성도가 높은 방송 대본이라서 더 기대가 크다고 할 수 있다.

    조정희 작가님의 글이 세상에 나올 수 있기를 염원하는 마음으로 기도하면서 힘찬 응원을 보내왔는데, 이번에 각고의 노력이 결실을 맺게 된 것에 큰 기쁨을 느낀다.

    그 간절한 바람대로 조정희 작가님이 일평생에 걸쳐서 다듬고 다듬은 원고가 《깃발》로 세상에 나오게 됨을 진심으로 축하한다.

《깃발》은 3부로 되어 있다. 1부 '폭풍우가 내리는 계절', 2부 '하늘이 마르고', 3부 '박제의 시선으로 보다'의 내용 구성이 시간의 흐름을 따라가면서 탄탄한 구성과 흥미를 더해주는 감동이 있다. 그것은 아마도 조정희 작가가 굴곡진 인생 여정길에서 만난 좌절과 아픔을 녹여서 온몸으로 쓴 글이기에 진한 울림과 감동을 주는 것일 것이다.

작가 도스토옙스키는 "한 인간의 존재를 결정짓는 것은 그가 읽은 책과 그가 쓴 글이다"라고 했다. 작가 조정희의 《깃발》은 굴곡진 인생 여정을 살아오면서도 내일에 대한 희망을 품어왔던 인간 조정희가 이 시대를 향해서 외치는 희망의 깃발이다. 승리의 깃발이다. 《깃발》이 많은 독자들의 사랑을 오랫동안 받는 책이 될 수 있기를 바라며 다시 한 번 진심으로 출간을 축하한다.

2019년 10월

박성배 박사

CBS방송아카데미 교수, 《한국이 온다》 외 다수의 책 저자

프롤로그

조정희 선생의 《깃발》을 축하드리면서

다른 말보다 먼저 '글쓰기에 도전하라'는 권면을 해드립니다.

며칠 전, 유명 걸그룹 출신의 25세 한 청년이 스스로의 삶을 마감했습니다. 일주일에 1.2명의 청년이 생을 마감합니다. OECD 국가 중 자살률 1위이고, 공황장애, 우울증, 조현증을 비롯한 각종 정신질환이 가장 극심한 나라 중의 하나가 대한민국입니다.

모두가 아파하고 흥분하며 분노합니다. 경제적으로는 부유한 국가가 되었지만, 어쩌면 정신적으로는 가장 불행한 나라가 되어 가고 있는 것은 아닌지요.

그래서 우리의 생명을 지키고, 다음세대 청년들의 생명을 지키기 위해서 글쓰기의 중요성을 말씀드립니다. 추천사에서도 글은 생명을 가지고 있다고 전해 드렸습니다.

인터넷상에서 악플은 상처를 주고, 선플은 격려를 가져옵니다. 글이 독이 되어서 사람의 생명을 죽이기도 하고, 희망이 되어서 더 큰일에 도전하게 되는 동기가 되기도 합니다.

　여러분은 인생의 단 한 번만이라도 자기 자신을 위해 나를 위한 글쓰기를 해보신 적이 있으신지요? 내 자신을 위한 글쓰기 말입니다. 글쓰기는 상처 입은 내 영혼이 치유되고, 다른 사람을 치유하는 두 가지 기능이 있습니다. 먼저 쓰는 내가 치유되고, 누군가가 읽으면서 공감으로 치유된다는 뜻입니다.

　그래서 일기를 쓰는 청소년들은 자살을 생각하지 않습니다. 일기를 쓰는 사람들은 자존감이 높습니다. 상처는 있지만, 그 상처가 사람을 병들게 하지는 않습니다. 왜냐하면 글쓰기를 통해 자신을 매일매일 객관화하기 때문입니다. 객관화를 통해 우리 모두는 상처로부터 아픔으로부터 자유로울 수 있습니다.

글로 미움의 대상을 고백합니다. 나만의 비밀을 토해 냅니다. 나의 오늘을 적고, 내일의 희망을 기록합니다. 이것이 생명을 지켜내는 작은 걸음입니다.

* 나만을 위한 글쓰기

1. 정직한 글쓰기가 우선입니다.
그래서 비밀이 지켜지는 본인만의 일기를 쓰면 됩니다. 처음에는 몇 줄 이어도 되고, 한 문장 이어도 됩니다. 그날의 느낀 점, 만난 사람 등등. 정 글쓰기가 어려우면 지난 하루 일정을 시간대 별로 정리만 해도 됩니다.
2. 관찰입니다. 그냥 보거나 흘끔 보지 않고, 자세히 보아야만 합니다.
하루 한 가지에 집중해 보십시오. 오늘 만났던 사람도 좋고 사물도 좋습니다. 시선이 머물렀던 모든 것 중에 마음이 담겨진 것을 기록하십시오. 이것이 글쓰기에서 가장 중요한 자세히 보는 관찰입니다.

3. 내 삶에 대한 조건표를 작성하십시오.

언제 태어났고, 어떻게 성장했는지, 국내외적으로 내 삶에 중요했던 터닝 포인트마다 국내적으로는 어떤 사건들이 있었고, 국외적으로는 어떤 일들이 벌어졌는지 살펴보는 것입니다.

4. 그리고 가족의 삶을 들여다봅니다.

할머니, 할아버지, 아버지, 어머니, 고모, 이모, 형제, 조카, 아이들까지 그냥 보지 않고 자세히 봅니다. 마음을 두고 살펴봅니다.

5. 이러한 관찰들을 토대로 아주 작은 이야기를 만들어 봅니다.

인물과 공간과 소품과 주제와 음악까지 생각해 봅니다.

여기까지만 기록하여도, 아니 5가지 중 단 하나만 시작하여도 내가 살아온 삶이 보이고, 내 가족의 삶이 느껴지고,

타인의 삶이 들려옵니다.

모든 예술은 관찰에서부터 시작됩니다. 조정희 선생의 《깃발》도 바로 이러한 관찰에서부터 시작되었고, 기록됨으로 책으로 나오게 된 것입니다.

오늘 지금 당장 이 글을 읽는 이 순간부터 기록하십시오. 그러면 당신의 상처가 기적처럼 치유됩니다. 그리고 그 글이 다른 사람도 치유합니다.

조정희 선생의 《깃발》이 연극으로 드라마로 영화로 치유를 향해 펄럭이기를 기도합니다.

2019년 10월

윤학렬 감독

영화 '1919 유관순' 외 다수의 영화 및 드라마, CBS 방송아카데미 교수

차례

002 **추천사_** 윤학렬 감독(영화 '1919 유관순' 외 다수의 영화 및 드라마, CBS 방송아카데미 교수)
004 **추천사_** 박성배 박사(《한국이 온다》 외 저자, CBS 방송아카데미 교수)
008 **프롤로그_** 조정희 선생의 《깃발》을 축하드리면서_ 윤학렬 감독

1부 폭풍우가 내리는 계절

1. 두 아버지 이야기	017
2. 영희	025
3. 흔들리는 철수의 눈 속에는	034
4. 영희 친구 성자	045
5. 둔덕의 호랑이들	054
6. 또 한 사람 최	065
7. 담보 채권 체결	075
8. 철수, 엄마를 소환하다	084
9. 태교	096
10. 웃지 않는 아이	103

2부 하늘이 마르고

1. 마른하늘 아래서	112
2. 가장 잔인한 폭력	122
3. 용서하기 좋은 날	131
4. 오아시스를 섭외하다	139

5. 나는 서울 사람입니다	148
6. 아슬아슬, 불안불안	157
7. 세 번째 남자 최	168
8. 오아시스의 반란	176
9. 또 다른 반란	186
10. 꿈은 사라지고	194

3부 박제의 시선으로 보다

1. 자연인 철수	204
2. 도마 소리	211
3. 오르막이 끝나, 날겠다고? 그 꿈 원래 내 것이었어	221
4. 최고서	230
5. 단수 예고서	236
6. 최, 철수를 찾아오다	243
7. 눈의 혈관이 터지고 잇몸이 붓고	249
8. 나 아파, 모두 모여	260
9. 사람이어라	268
10. 내 집, 내 여자, 내 자식	281

1부

폭풍우가
내리는 계절

잘 정돈된 탁자들. 깔끔한 실내 인테리어.
카페를 연상시키는 은은하면서도 화려한 조명.
둘러볼수록 완벽하다. 완벽하게 확증된 실패.
성자가 말했다.
"아깝다."
"아깝지, 너무 아깝지."
영희가 대답했다.

1. 두 아버지 이야기

한 남자가 있었다.

그는 대리석을 다루는 석수장이였다.

돌을 알아보는 눈썰미가 남다르고 돌 다루는 솜씨가 뛰어났던 그는 '석산의 귀재'로 불리며 동료들의 귀염을 한몸에 받고 있었다. 대부분의 동료가 부모님 연배의 어른들이었다는 점도 그가 귀염을 받을 수밖에 없는 이유 중 하나였을 테다. 그렇다. 그는 망치와 정으로 돌을 쪼개고 깎아 갖가지 문양과 모양의 조각상을 만들고, 비석과 현판 등에 글씨를 새기는 젊고 유능한 석수였다.

솜씨가 뛰어난 데다 타고난 성품이 다정하고 순해서 그를 찾는 손님들이 많았다. 그는 밤낮을 안 가리고, 제 몸 돌볼 사이 없이 성심을 다해 일을 했다.

그러다가 그만 병이 들고 말았다.

날마다 쉬지 않고 돌을 깎다 보니 돌가루가 날아들어 체내에 쌓인 것이다. 돌가루가 기도를 막아 숨을 쉬는 것조차 힘들어졌다. 비계가 많이 붙은 돼지고기를 삶아 먹으면 돼지기름이 돌가루를 흡수해 씻어 내린다 하여 먹었으나 효과가 없었다. 숨을 제대로 쉬지 못한 남자의 얼굴은 화롯불처럼 벌겋게 달아올라 있었고, 가쁜 숨을 몰아쉬며 괴로워하던 남자는 제 목을 쥐어뜯으며 네 방구석을 설설 기는 지경이 되고 말았다. 동료 중 한 사람이 말했다.

"빈 방에 수은을 피워 놓고 연기를 들이마셔 보그라. 수은이 몸엔 안 좋다카기는카더라만. 그기 연기를 들이마시만 해도, 신기하게도 돌가루를 녹여낸다카이. 꼭 명심해야 헐기는 암만 급해도 생수은을 씸어 먹으만 안 된다카이. 명심해야 한다카이. 생수은은 절대로 안 된다카이."

빈 방에 혼자 앉은 남자가 수은을 태워 연기를 들이마시고 있었다.

돌가루가 쌓여 막힌 목은 찢어질 것처럼 아파오고 숨통은 막혀 곧 죽을 것만 같은데 수은을 태워내는 연기는 너무 약했다. 그 연기가 들어가서 목에 쌓인 돌가루를 녹여 내리기 전에 숨이 막혀 죽을 것 같았다. 목구멍이 터져 죽어 버릴 것만 같았다. 그래서 생수은은 절대로 안 된다던 동료의 당부를 잊고 생수은을 씹어 삼키고 말았다.

생수은을 씹어 삼킨 덕에 목에 쌓인 돌가루는 녹아내렸다. 찢어지는 것 같던 목구멍의 통증도 사라지고 숨통도 트였다.

그런데 다른 문제가 생기고 말았다.

수은의 독기가 온몸에 퍼져 수은 중독자가 되고 만 것이다.

온몸이 동상처럼 부풀어 오르더니 마디란 마디가 다 터져서 피고름을 쏟아내기 시작했다. 문둥병을 의심한 사람들이 남자를 피막으로 격리를 시켰다.

오래전에 버려져 방치된 낡은 상엿집이었다.

상엿집에 버려져 죽을 날만 기다리는 남자에게 느닷없는 갈망이 불길처럼 치솟았다.

"내 집! 내 여자! 내 자식!"

남자가 한 번도 가져본 적이 없는 것들이었다.

죽어 가는 남자는 상엿집 기둥을 부여잡고 외쳤다. 병들어 죽어 가는 짐승 소리로 외쳤다. 창자를 쥐어뜯기는 듯한 고통이 느껴지는 목소리였다.

"내 집! 내 여자! 내 자식!"

삐그덕.

뼈마디가 부딪혀 부러지는 소리를 내며 상엿집 문이 열렸다.

하얀 달빛이 물처럼 흘러 들어와 상엿집 안에 고였다.

검정색 무명 통치마에 하얀 광목저고리를 받쳐 입은 처자가 보퉁이를 품에 안고 상엿집 안으로 들어왔다. 남자는 선녀이거나 저승사자일 거라고 생각했다. 마침내 자신이 죽을 때가 된 것이려니 생각했다.

안으로 들어선 처자가 입을 열었다.

"사람이어라."

내 여자를 만난 남자는 죽지 않고 살아났다. 건강하고 씩씩한 옛 모습은 사라지고 그냥 죽지만 않고 살았다.

그리고 내 자식을 낳았다.

첫 자식을 얻은 남자는 아이의 이름을 영희라고 지었다.

또 한 명의 남자. 남자는 알코올에 중독이 되어 있었다. 하루라도 술을 마시지 않으면 견딜 수 없었으며 술 마시는 것 외에 다른 꿈이나 계획은 없었다.

남자에게는 다섯 명의 자식과 보따리 행상을 하는 장모가 있었다. 그리고 젊고 아름다우며 억척스런 아내가 있었다.

모내기를 하는 날이었다.

남자는 막걸리를 양껏 먹을 수 있겠다는 기대를 안고 모내기 날을 기다렸고, 그런 남자의 속내를 모를 리 없는 아내는 아침부터 몸이 달아 있었다. 막걸리 통만 붙잡고 앉으면 세상 급할 게 없는 남편이 술을 덜 먹게 할 방법을 궁리하느라 아내는 늘 골머리를 앓아야만 했다.

논둑에 둘러앉아 막걸리를 마시던 일꾼들이 하나둘 논배미 안으로 들어오고 있었다. 이 일꾼으로 모내기를 끝내려면 서둘러야 한다는 건 일꾼들도 다 알고 있었으니까.

"이리 와. 이리 오라니까. 성태 아범, 어서 와. 오늘 못 심으면 낼 심고 그러는 거지. 인생 오늘만 살고 말 텐가. 술도 마시고 쉬기도 하면서 그렇게 살아도 짧은 인생. 몇백 년을 살겠다고 이 좋은 막걸리 통을 앞에 두고 죽어라 일만 한단 말인가."

모내기를 끝내야 할 논 주인이었던 남자는 막걸리 통을 붙들고 앉아 한 잔만 더 하자며 일어서려는 일꾼들을 잡아 앉히고 있었다.

일꾼들 대부분이 논으로 들어서 모를 심기 시작했지만, 개중 몇몇이 못 이기는 척 논둑에 주저앉으면서 술자리가 길어졌다.

"용수 아부지! 용수 아부지! 용수 아부지!"

그의 아내는 화가 났지만 사람들 앞인지라 조용조용 세 번을 불렀다. 남자는 진즉에 아내의 심중을 알아채고 있었지만 모른 척했다. 마침내 허리를 펴고 일어난 그의 아내가 들고 있던 모춤을 남자가 들고 있는 막걸리 통을 향해 던졌다.

"야! 올 농사 작파하고 말겨?"

악을 쓰는 것과 동시에 아내가 던진 모춤이 막걸리 사발을 들고 있던 남자의 손을 쳤다. 사발이 떨어지고 사발에 담겨 있던 막걸리가 쏟아졌다.

남자의 눈이 흔들리기 시작했다.

"니가 감히 이 피 같은 술을."

남자에게 술은 유일하게 지켜야 할 가치였고 마지막 존재 이유였다.

체면을 구긴 것은 차치하고서라도 자신의 가치와 존재를 건드려진 남자는 참을 수가 없었다.

"이놈의 여편네가 술 사발을 엎어? 내 마지막 자존심을 건드려?"

존재의 위협을 느낀 남자는 절대로 참을 수 없다고 생각했다. 향후 좋아하는 술을 양껏 먹기 위해서라도 뭔가 확실히 보여 주지 않으면 안 된다고 생각했다.

"내 집 모내는 날 내 맘대로 술 좀 마시겠다는데. 뭐? 서방이 마시면 마시는 거지, 어디다 대고 여편네가 논배미에서 악을 써? 내가 뭐가 무서워서 마시고 싶은 술도 내 맘대로 못 마시고 살아? 그렇게 살 바엔 차라리 죽고 말지 왜 사냐?"

그러면서 눈앞의 농약병을 집어 들었다. 죽음을 작정하고 시작한 일은 아니었다.

모두가 보고 있었고 자신이 농약병을 들고 마시는 동작을 취하면 누군가 달려들어 말려줄 줄 알았다. 누구보다 마누라가 두 무릎을 꿇고 앉아 싹싹 빌며 매달릴 줄 알았다.

말리지 않은 것은 아니었다.
달려들어 농약병을 빼앗지 않은 것도 아니었다.
무릎을 꿇고 빌며 매달리지 않은 것도 아니었다.
남자의 계산에 빈틈은 없었지만 애석하게도 시간이 안 맞았다.
말리려 달려와 보니 이미 마셨고,

빼앗아 보니 농약병은 비어 있었고,
무릎을 꿇고 빌며 매달려 보니 이미 입가에는 게거품이 뽀글거리고 사지는 뻣뻣하게 굳어 가고 있었다.

남자에게는 네 명의 아들과 딸 하나가 있었는데, 그 전날은 막내아들의 첫돌이었다. 공교롭게도 막내아들의 생일은 그의 제삿날이 되고 말았다.

남자의 셋째 아들의 이름은 철수였다. 이철수.

2. 영희

한 젊은 사내가 죽어 가고 있었다.

병이 들어서 쓰러진 것도 아니고. 길을 건너다가 자동차에 치인 것도 아니었다.

사내는 근로재건대 대원이 등 뒤에서 찌른 긴 칼에 심장이 뚫려 죽어 가고 있었다.

울컥울컥.

사내의 뚫린 심장에서 선짓빛 검붉은 피가 솟구치고 있었다.

블라우스 앞섶이 찢어지고 아랫도리의 바지가 뜯겨진 반

라의 젊은 계집이 머리를 산발한 채 죽어 가는 사내를 향해 달려들었다. 계집의 입술은 터져 피가 나고 있었고 눈두덩은 퍼렇게 부어올라 있었다. 계집이 사내 위로 엎어지며 소리쳤다.

"안 돼. 민석아! 민석아! 안 돼."

사내의 심장에서 뭉클뭉클 솟구친 선지 같은 핏멍울들이 흥건히 고여 계집을 적시기 시작했다.

호루라기 소리에 이어 경찰이 나타났다.

피 칠갑을 한 계집이 소리를 높여 울부짖기 시작했다.

"민석아! 죽지 마. 제발 죽지 마. 니가 죽으면 니 아버지 성은 누가 지키냐? 죽지 말고 살아서 니 아부지 성 지켜야지. 니 아부지 성 가진 아들딸 낳고 살아 봐야지. 죽어도 그때 죽어야지. 민석아! 민석아!"

죽어 가는 사내가 힘겹게 눈을 떠 악을 쓰는 계집을 바라보았다.

"영희야! 우리 봄 되면 창경원 벚꽃놀이 가기로 했는데 어쩌냐?"

사내는 애써 웃음을 지어 보이려 했지만 일그러진 얼굴은 빠르게 점점 굳어져 갔다.

계집이 사내를 부르며 흔들었다.

사내의 몸이 흔들리면서 핏방울이 튀어 계집에게로 날

아들었다.

피 철갑이 된 계집의 얼굴 위로.

하얗게 드러난 젖가슴 위로.

뜯겨진 바지 아래 노여운 아랫도리를 가린 꽃무늬 팬티 위로.

한 번 더 눈을 치켜떠 울부짖는 계집을 보던 사내의 고개가 부러지는 나무순처럼 툭하고 꺾였다.

영희와 민석이는 한동네에서 나고 자란 사이였다. 민석이가 열 살 무렵 병든 아버지는 내 자식이 내 성을 지키고 살 수만 있게 해달라는 유언을 남기고 죽었다. 아버지가 죽자 민석이는 성만 버리면 원하는 건 뭐든 해주겠다는 부잣집 양자로 보내졌는데 민석이는 아버지 성을 지키겠다며 도망을 친 후 소식이 끊겼다.

아버지의 약값과 동생들의 학비를 벌기 위해 서울로 온 영희는 용순, 성자와 함께 자취를 하며 봉제공장에서 일했다. 야학에서 만난 대학생 애인을 둔 용순이는 노동조합 결성에 앞장서다가 사장의 사주를 받은 달중이네 근로재건대 패들에게 끌려가 윤간을 당한 후 애인의 자취방에서 연탄불을 피워 놓고 목숨을 끊었다.

시간이 흘러 봉제공장 생산책임자가 된 영희는 달중이 패거리들이 재단주임과 짜고 원단을 빼내는 걸 막겠다고 결심했다. 그 무렵 교도소에서 출소한 민석이가 영희가 있는 봉제공장에 시다로 입사해 둘은 조우하게 되었다. 영희 동생 진호에게 입영통지서가 날아오고 진호의 군면제를 위해 영희는 민석과 혼인신고를 하게 됐다.

달중이 패거리들로부터 원단을 지켜내려는 영희의 계획을 모두가 말렸다. 민석이도, 성자도, 사장까지도.

하지만 영희는 위험하다고 지켜야 할 것을 지키지 않으면 모든 것을 잃게 된다며 강행해 막아냈다.

함께 자취를 한다는 오버로크 기술자 둘이 이틀째 출근을 하지 않았다. 달중이 패거리들이 영희를 유인하기 위해 잡아둔 것이지만 이 사실을 모르는 영희와 성자가 이들을 찾아 나서고, 둘은 납치를 당해 여인숙에 감금, 용순이와 같은 일을 당할 처지에 이르렀다. 이 소식을 들은 민석이와 생선 장사를 하는 성자의 남자 친구가 제 여자를 구하기 위해 찾아 나서고….

호적상 영희의 남편이었으며 첫사랑이었던 민석이는 그렇게 죽어 갔다.

영희의 품안에 안겨 영희가 보는 앞에서.

민석이는 납치당한 영희를 구하러 왔다가 영희 대신 죽었다.

자신의 남자는 자신을 살리려다 죽었는데 살아남은 영희는 죽은 자신의 남자를 위해 할 일이 없었다.

미친년처럼 거리를 들쑤시고 돌아다니며 중얼거렸다.

"내가 죽인 거야, 민석이는. 내가 죽인 거야, 내가."

"저렇게 여관이 많은데."

"사방에 널리고 널린 게 여인숙인데."

즈 아부지 성만 지킬 수 있다면 못 할 게 없다던 민석이는 즈 아부지 성 지킬 자식새끼 하나 못 남기고 죽고 말았다.

민석이와는 첫날밤도 치르지 못한 영희가 그 주제에 마누라 노릇을 한답시고 묏등 하나를 만들었다.

다른 할 일이 떠오르지 않아서 생산목표량에 매달렸다.

생산목표량을 채워 죽은 제 남자를 살려내기라도 하려는 듯이. 죽을 악을 써서 생산목표량만 채우면 죽은 제 남자가 살아 돌아올 거라 믿기라도 하는 것처럼.

채우고, 채우고, 채우고 또 채웠다.

생산목표량!

제 남자가 살았을 때나 제 남자가 죽은 후에나 영희 곁을 지키는 건 생산목표량이었다. 민석이는 죽어 떠나고 성자는 시집을 가서 떠났는데 변하지 않는 건 생산목표량뿐이었다. 내 너를 떠나지 않으리라, 버리지도 않으리라는 듯. 끈질기고 집요한 동행.

생산목표량을 채우다가 기진하여 쓰러지면 민석이 곁이려나.
민석이 묏등 앞에 쓰러져 까무룩 정신을 놓았다가 눈 떠보면 그 품이려나.
누군가 이 묏등 파헤쳐 민석이 곁에 묻어주려나.
생산목표량이 없는 빈 날엔 묏등 앞의 술잔을 홀짝이며 된울음을 울었다.
"그러게, 누가 그렇게 가래? 그러게, 누가 그렇게 아끼고 지켜 달래? 니 아부지 성 지킬 새끼 하나 없이, 니 묏등 지킬 자식 하나 없이 그렇게 가래?"

일독이 올라 화장이 짙어지고 나날이 눈빛이 사나워지는 영희를, 영희보다 더 몸이 달아 동동거리던 성자가 작정을 하고 덤볐다.
"너, 시집가라. 봉제공장 때려치우고 시집가."

"시집? 나 딱지 붙은 여자야. 나이도 많은 데다 돈도 없어. 데려다가 봉제공장 차릴 놈이면 모를까 누가 데려간다니?"

"데려간대. 호적에 줄 올라있는 거 상관없고. 공장에 안 내보내고. 민석이 뒷등도 지켜준대. 첫 자식 낳으면 민석이 자식 시켜주겠대."

영희. 처음엔 웃었다.

'자식이 대여섯 딸린 홀아빈가. 청맹과니나 사지 중 두어 개가 비는 건가.' 그러면서.

"너보다 한 살 어린 총각이야. 면장 할 만큼 똑똑해 보이진 않았지만 순하고 착하대. 사지는 멀쩡하고 건강해 보이더라."

"그런 남자가 나 데려다 어디다 쓴다대?"

"아들 낳고 딸 낳고 잘살아 보겠단다더라."

"다른 여자 찾아보라 그래. 난 봉제공장 말고 딴 데서는 쓸모가 없는 여자라고."

"영희야. 시집가. 내가 봉제공장 때려치우고 시집와 살아보니 좋더라. 서방 그늘에 살아보니 좋더라고. 자식 낳아보니 더 좋더라. 너, 그만큼 발광했으면 됐어. 너 이미 속 빈 강정이야. 비틀고 쥐어짜도 더 버틸 힘 없어. 둘이 같이 납치됐다가 구조됐는데 나만 좋고 나만 잘사는 것 같아서 나, 맘 너무 안 편해. 불편하다고. 불편해서 죽을 것 같다고."

"니 맘 편하라고 시집을 가니? 같이 뛰어들었다가 네 남자는 살고 내 남자는 죽은 게, 니 탓이야? 내 팔자라면 모르겠다. 너, 맘 불편할 거 없어."

"민석이 죽은 지가 언젠데? 우리 송이가 벌써 몇 살인지 아니? 세상에 사내가 죽은 민석이 하나뿐이냐고!"

"저 죽을 거 뻔히 알면서 나 살리겠다고 사지로 뛰어들 남자가 세상에 또 있다고? 그때 민석이가 그렇게 죽지 않았으면 너하고 나, 지금쯤 뭍 사내들의 정액받이가 됐거나 섬 노예 됐겠지. 그놈들 그럴 계획이었다니까. 그러고도 남을 놈들이었으니까."

"아니. 죽었겠지. 너하고 나, 죽기로 했었잖아. 납치되어 여관에 갇히는 순간 그러기로 다짐했었잖아. 우리 친구 용순이처럼 당하고 나서 연탄불 피워 놓고 죽지 말고, 전태일이처럼 분신도 하지 말고. 김경숙이처럼 투신도 하지 말고. 꼭 그놈들 손에 죽자고 했었잖아. 찢겨 죽건 밟혀 죽건 맞아서 죽건 꼭 그놈들 손에 죽어서 세상이 알게 하자고 했었잖아. 너하고 나, 한다면 하는 년들이잖아."

"그래. 그랬지. 그랬는데, 왜 나는 살고 민석이는 죽었지? 죽기로 한 건 나였는데."

"기왕에 살아남았으니 제대로 살자. 봉제공장에서 햇볕 한 번 제대로 못 받고 시들시들 시들어 가지 말고. 나 평생 민석이한테 고마운 거 안 잊고 살게. 영희야. 봉제공장 생산관리자들의 말로는 사창가 정액받이나 섬 노예와 크게 다르지 않아. 나을 게 없다고. 밤낮을 안 가리고 기계처럼 부려 먹을 땐 가족이지. 병들고 지쳐서 생산목표량 못 채우면 그 순간 바로 아웃되는 게 이 바닥 생리라는 거 너도 알지? 의리가 있냐? 인정이 있냐? 생산목표량만 바라보다 늙어서 폐지 취급당하지 말고 시집가. 시집가서 서방 밥 먹고 살아. 제발."

성자가 울면서 매달려 애원을 했다.

"시집가라. 시집가서 나처럼 한번 살아보라고. 설렁설렁 살아. 기 쓰지 말고."

"설렁설렁? 살아보니 그게 되든?"

"쫄랑쫄랑 살아."

"쫄랑쫄랑?"

"그래. 강아지처럼 쫄랑쫄랑. 너나 나나 주인 돼서 책임지는 거 할 만큼 했어. 봉제공장 생산책임자 조영희는 죽여서 민석이 묏등 옆에 묻어 버리고, 시집가서 아들 낳고 딸 낳고 잘살아보자. 민석이 몫까지. 그래야 민석이가 덜 억울하지. 응? 영희야."

3. 흔들리는 철수의 눈 속에는

영희와 철수. 양쪽에서 중매를 맡은 성자와 시누이가 마주보고 앉아 차를 마시고 있었다. 성자가 철수에게 물었다.

"족제비를 잘 잡는다면서요? 동생분 말로는 한 해 겨울 몇 달만 잡으면 영희가 공장에서 일 년 버는 것보다 더 많이 번다고 하던데요."

"예, 뭐. 전국으로 쑤시고 돌아다니니까요."

"지금까지 족제비 잡아서 얼마나 모았어요?"

"난 그런 거 잘 몰라요."

"왜요? 왜 몰라요?"

"형들이 다 알아서 해 준다고. 걱정하지 말랬어요."

성자네 생선가게 손님으로 왔다가 영희 얘기를 듣고 제 오빠 중매에 나선 여동생이 격하게 맞장구를 쳤다.

"그럼요. 우리 큰오빠가 오빠한테 얼마나 잘하는데. 다 알아서 해줄 거예요. 아무것도 신경 쓸 일이 없다니까요."

"뭘 알아서 해 주실 건데요?"

성자가 다시 물었고 철수가 대답했다.

"집도 사 주고. 땅도 사 준댔어요. 시키는 대로 족제비 잡고, 농사 잘 짓고, 시키는 일 잘하면 다 알아서 해준댔어요."

여동생이 또다시 맞장구를 쳤다.

"그럼요. 다 알아서 해줄 거라니까요."

"왜요?"

"왜긴요. 우리한테 큰오빠는 부모나 마찬가지예요. 부모가 자식일 알아서 챙기는 거 당연한 거 아닌가요?"

"그래요? 그런데 언제 챙겨 주신다는 건가요?"

"장가갈 때요."

"그럼요. 작은오빠 장가만 들면 우리 큰오빠가 좋아서 뭐든 다 해줄 건데요 뭐. 지금까지 고생 많이 하셨는데 이제 그만 편하게 오빠들이 하자는 대로 따라만 가시면 돼요."

'참 좋은 형도 다 있다' 생각했다가 '나도 맏딸인데 동생들 일이라면 뭐든지 알아서 해야 하나' 생각도 하고, '남들

도 이렇게 하는 건가. 시집을 처음 가 보는 거라서. 남한테 맡기고 따라만 가는 일도 처음이라서.'

영희는 뭐가 뭔지 모르겠다는 얼굴로 앉아서 애꿎은 커피잔만 만지작거리고 있었다.

"알아서 해준댔다면서 예식장은 왜요?"
"막내랑 합동결혼식을 올리려고 했는데 막내 처갓집에서 난리가 났대요. 막내네 처갓집은 엄청난 부자인 데다 할아버지가 화내시면 무섭대요."

화나서 안 무서운 사람도 있나.

"그럼 어떡할 거예요?"
"막내는 정해진 날 예식장에서 하고 우리는 막내보다 하루 이틀 먼저 예배당 같은데서 조촐하게 치르는 건 어떠냐구요? 예배당은 큰형하고 둘째 형수가 알아본댔어요. 형수가 교회 다니거든요. 사진관에 드레스도 빌려 놨대요. 한번 가서 입어보래요."

알아서 해주는 집안인 건 확실히 맞는 것 같았다. 시집올 영희의 의견은 묻지도 않고 이미 그렇게 결론을 내려버린 것 같았다.

"이게 드레스 맞아요?"

"예. 왜 마음에 안 드십니까?"

"여긴 이렇게 더럽고 구겨진 드레스밖에 없어요?"

"왜요. 방금 들어와 하얗게 눈이 부신 새 드레스도 많습니다."

"그런데 왜 나한테는 이런 드레스를 줘요?"

"아! 그거야 공짜니까 그렇죠. 생각해 보세요. 드레스 세탁하는 데 돈이 좀 드나요. 공짜로 빌려주는 것까지 일일이 세탁해 드리면 우린 뭐 흙 파다가 장사하나요?"

'예배당 예식에 공짜 드레스라. 조영희, 너 이 집안에서 사람대접 제대로 받는구나.'

"돈 낼 테니 다른 드레스 주세요. 깨끗한 걸로."

"잘 생각하셨어요. 일생에 한 번 입는 옷인데."

"가락지 한 짝도 없는 거예요?"

성자가 철수를 붙잡고 물었다.

"둘을 한꺼번에 하게 돼서…. 그래서 패물까지 챙길 형편이 안 된다고…."

'아니. 어머니도 계시고 형제가 다섯이라면서. 다들 밥술이나 드신다면서. 아무리 힘이 들어도 가락지 한 짝 해줄 형편 되는 사람이 없다는 게 말이나 됩니까?'

성자가 기가 막혀 언성을 높이려 했지만 영희가 막았다.

조용히 넘어가자. 형편이 안 된다는데 어쩌겠는가. 어쩔 수 없는 일이라 여기면서도 섭섭했다. 무엇보다도 엄마와 동생들 보기 부끄럽고 창피했다.

영희의 가슴에 대못을 박는 일은 이틀 후 시동생 결혼 폐백실에서 일어났다.

형편이 어려워서 둘 다 패물은 생략할 수밖에 없었다던 철수의 말과는 달리 막내 앞에는 반지, 목걸이, 팔찌 세트가 무려 두 세트가 놓여 있었다. 예식장 비용은 큰형이, 패물은 둘째 형이 한 세트. 영희를 중매한 시누이가 한 세트.

영희는 생각했다.

'무슨 뜻인가.'

'철수가 부실한 사람이어서 철수 각시를 홀대하는 것인가? 호적에 다른 남자 이름이 올려진 여자라서 차별을 하는 것인가? 친정이 어렵다는 이유로 얕잡아 보는 것인가?'

영희는 수치심과 함께 시누이를 향해 끓어오르는 분노를 참을 수 없었다. 다른 사람은 몰라도 '니가 나서서 중매를 해놓고 나를 이렇게 대해?' 치욕스러웠다.

아무도 나를 너희들처럼 대하지는 않았다.
아무도 너희처럼은 나를 함부로 막 대하지 않았다.

공깃돌처럼 작고 동글동글한 자식들을 남겨 두고 죽어 버린 아버지도, 그 숱한 날 그 많은 생산목표량을 책정하고 주문했으며 노조가 결성되는 걸 막기 위해 달중이네 근로재건대를 이용, 용순이를 죽게 만든 악덕 사장도.

사장과 결탁해 노조결성에 앞장섰던 용순이를 욕보여 죽게 만들고, 원단 빼돌리는 데 걸림돌이 된다는 이유로 나와 성자를 납치해 아작을 내서 팔아넘기겠노라 날뛰던 달중이 똘마니들도.

폭동을 진압한다면서 탱크를 밀고 들어와 자국민을 향해 총질을 해대던 정권조차도! 너희처럼은 나를 대하지 않았다.

아버지는 "미안하다, 부탁한다"라고 했고.

사장은 언제나 "너밖엔 믿을 사람이 없다. 너만 믿는다" 하고 부추겨 내 뼈를 울궜다.

달중이 똘마니는 "독사보다도 독한 년"이라며 침을 뱉으며 발길질을 해댔고,

피바람회오리를 몰고 들이닥친 정권은 나와 내 동료들을 일러 "부강한 나라 건설의 초석이며 장차 이 나라의 무궁한 발전을 이끌어나갈 산업역군들"이라고 부추겼다.

아무도 나를 너희들처럼 함부로 대하지 않았다.

너희들처럼은 나를 대하지 않았다.

보증금 없는 월세방. 쌀 두 말. 배추김치 작은 독 하나. 더 작은 독에 총각김치 한 독. 한 사발들이 항아리에 깍두기 하나. 연탄 백 장.

"철수 씨. 족제비 열심히 잡았다고 그러지 않았나요? 농사일 부지런히 도왔다고 안 그랬나요? 시키는 건 뭐든지 다 했다고 하지 않았나요?"

"지금 도와주면 자꾸만 형을 의지하게 돼서 안 된대요. 자립심을 길러주려고 일부러 안 도와주는 거래요. 열심히 살아 보래요. 사는 거 봐 가면서 도와주겠대요."

"기다릴 거예요?"

"예?"

"형들이 안 도와주면 굶을 거냐구요?"

"족제비…"

"아뇨. 족제비 밀렵. 위법이에요. 잡혀간다구요."

"농사철 되면…"

"형들 농사 돕고 얻어다 먹자구요?"

"…"

"무슨 일을 해서 마누라를 먹여 살릴까? 잘 생각해 봐요. 내가 무슨 일을 잘 하나? 무슨 일을 하면 나와 내 마누라가 형들 도움 없이 살 수 있는가?"

"형…."
"형들 도움 안 받구요."
"그럼 어떻게 해요?"
"취직을 하면 되잖아요."
"안 된대요. 나는 취직 못한대요."
"왜요? 누가 그래요?"
"형들이. 나는 제대로 할 줄 아는 게 없어서 취직해봤자 금방 쫓겨난대요."

영희가 아득한 시선으로 철수를 바라보는데 그 눈 속에서 자신의 아버지가 보였다.

병마에 갉아 먹혀 껍질뿐인 육신이나마 지켜내고자 매 순간 사투를 벌이던 아버지!

눈빛만이라도 살아남아 화롯불 같은 열정으로 갈망해 온 내 집, 내 여자, 내 자식을 지키고자 전 생애를 저승사자와 기염을 다투는 일로 보낸 아버지!

그럼에도 결국 죽어 갈 수밖에 없었던 아버지!

막막하고 아득할 때마다 생각나는 아버지!

나, 지금 힘들구나.

울컥하여 철수 눈 속의 아버지를 바라보는데 아버지 뒤

에 숨어 떨고 있는 어린아이가 보였다.

영희가 아이에게 물었다.

"얘! 넌 왜 그렇게 떨고 있어?"

아이가 대답했다.

"아버지가 아파! 하루도 빠지지 않고 아파. 많이. 아주 많이. 아파서 죽을 만큼. 그래서 나는 겁나. 매일매일 겁이 나. 아버지가 죽을까 봐. 너무 아파서 죽어버릴까 봐."

아버지가 아이를 돌아보며 말했다.

"영희야! 걱정하지 마라. 아버지 안 죽을 테니 염려하지 마라."

서울 가는 버스에 앉은 아이가 차창에 매달려 등 뒤로 멀어지는 고향 땅을 바라보며 이를 악물고 있었다. 영희가 아이에게 물었다.

"너, 어디 가니?"

"서울."

"서울엔 왜?"

"돈 벌려고."

"돈은 왜?"

"돈 벌어서 아버지 병도 고치고. 아버지 대신 동생들 공부도 시키고."

그렇게 가고 싶던 중학교도 못 보내주고, 아무리 아파도 살아 있어 달라는 부탁 하나 못 들어 주고, 돈 많이 벌어와 병 고쳐 줄 때까지 죽지 않겠다던 약속조차 못 지킨 아버지였다. 그래도 아버지는 일생 영희의 기댈 언덕이었고 사무치는 그리움이었다. '아버지만 살아 있었어도'는 일생 동안 영희의 피할 바위였다.

'우리 아버지가 살아있었다면 느덜 다 죽었어. 자식들! 까불지 마.'

죽어 보이지 않는 아버지조차도 힘이었다. 그 아버지를 떠나는 일은 언제나 캄캄한 우주 위에 홀로 버려지는 두려움이었다.

그래서 나, 아직 아버지를 못 떠나고 있구나.

가혹하고 무거워도 가족은 운명이다.
자신에게 아버지가 가족인 것처럼 철수에겐 형들이 가족인 것이다.

쓸데없는 감상이었고 미친 짓이었다.

"내가 취직하면 안 돼요? 나, 취직하면 돈 벌 수 있는데."
"안 돼요. 우리 집안은 여자들 밖에 안 내보내요. 절대로."

 절대로….
 그래, 살아보자.
 당신 가족들의 무례. 내게 아버지가 없어서라고 치부하고 살아보자.
 살아갈 방법을 찾아내 보자.

 쓸데없는 감상이었고 미친 짓이었다.

4. 영희 친구 성자

"가자."

성자가 말했다.

"가야겠지?"

영희가 물었다.

"노예가 장가를 갔으니 여자 노예 생겨서 좋다고들 하겠다."

"그럴 거 같지?"

"이 결혼, 내 실수야. 인정할게. 뺨 세 대 대신 평생 네 끼니는 책임질게."

"성자야! 나, 일 년 동안만 살아보면 안 될까?"

"왜? 이 집구석에 남아 노예해방운동이라도 할래? 영희야. 너랑 나, 그리고 용순이. 셋이 붙어 다니다가 용순이년 노동조합 만든다고 설치다가 그 험한 꼴 당하고 죽은 거 네 두 눈으로 똑똑히 봤지? 그 꼴을 보고 산 년이 노예해방운동을 하겠다고?"

"성자야! 나는 안 죽어. 안 죽을게."

"니 맘대로 안 죽어? 내가 너한테 달중이 패거리들 원단 빼내는 거 눈 감아주자고 했지? 그 무서운 놈들 건드렸다가 무슨 험한 일을 당할지 모르니 눈 감고 모른 척하자고. 사장까지 나서서 말렸는데 너 안 들었지? 그때도 너, 아무 일 없을 거라고 했지? 지들 것을 빼앗는 게 아니라 우리 것을 지키는 것이니 문제없을 거라고. 영희야. 나, 용순이 잃고, 민석이 잃고, 너까지 잃으면 못 산다. 나 못 산다고."

"일 년만. 일 년을 살았는데도 안 되면 너 따라갈게."

"일 년 동안 뭐가 되는데? 뭘 하려는 건데?"

"이 사람한테 말해줘야 할 것 같아. 알게 해줘야 할 것 같아."

"뭘?"

"당신은 노예가 아니다. 나쁜 건 당신이 아니다. 당신은 저들에게 사과를 요청할 권리가 있다. 노예해방운동이 아니고 탈출교육. 위험하지 않아."

"운동이고 교육이고 그걸 왜 니가 해? 어떻게 안 위험해?"

"성자야. 내가 버리고 나오면 철수 그 사람 평생 노예 못 벗어나."

"야, 이 미친 것아. 그걸 왜 니가 걱정해? 멈칫거리다가 애라도 생기면? 노예가 자식을 낳으면 그 새끼는 뭐가 되는지 아니? 노예야. 너, 새끼 낳아 노예 만들래?"

"성자야! 그러지 마."

"영희, 너야말로 그러지 마. 여긴 지옥이야. 벗어나는 게 최선이라고."

냉골 방에 성자와 철수와 영희가 마주 앉았다. 성자가 먼저 입을 열었다.

"예식장부터 차근차근 설명 좀 해주실래요."

"그게 뭐. 다…."

"왜요? 다 잘 해줄 줄 알았는데 안 해주던가요?"

"예."

"형들이 안 해준 거니까 철수 씨는 책임이 없다는 건가요?"

"그건 아니지만…."

"그건 아니지만 철수 씨는 할 수 있는 게 없다는 말씀이죠?"

"성자야!"

영희가 끼어들었다.

"넌 좀 가만히 있어."

"그만해."

"너, 가만있으라고. 나, 중매쟁이야. 네 결혼생활에 간섭할 권리 있어. 이 결혼에 책임 있는 사람이라고."

"잘살게요. 잘살면 되잖아요."

"잘살아요? 어떻게 잘살아요? 당장 쌀 떨어지면 뭘 먹고 살 건지에 대한 대책도 없다면서 어떻게 잘 살아요? 어떻게 잘살 건데요?"

"대책이 없다고 산 사람 입에 거미줄이야 치겠어요?"

"세상에, 기가 막혀. 처음부터 그런 배짱이었어요? 그래요? 백 번 양보해서 예식장 빌릴 돈 아끼려고 빈 구 성전 빌려서 식 올리고, 공짜 드레스 얻어 입히려 한 것까지는 이해한다고 칩시다. 겨울마다 족제비를 잡고, 농사철마다 불려 다니고, 공사판에도 부지런히 쫓아다녔다면서 가락지 한 짝 준비 못한 주변머리 없는 것까지도 이해한다고 치자고요. 형편이 안 돼서 패물 못 해준다더니, 이틀 후 동생 결혼식 때 동생 색시한테 쏟아진 패물은 뭐죠? 형편이 안 되는 게 아니라 차별을 한 거잖아요? 제대로 하자면 한쪽으로 간 두 세트, 나눠서 반반씩 줬어야 맞는 거 아녜요?"

"그거야…."

"형들이랑 동생이 한 일이어서 철수 씨는 몰랐을 테니 책임도 없다, 이 말입니까?"

"그런 건 아니지만…."

"그런 건 아니면 왜 잠자코 있는 겁니까? 철수 씨! 철수 씨는 아무렇지도 않습니까?"

"잘할게요. 살면서 잘할게요."

"어떻게 잘할 건데요? 뭘로 어떻게 잘할 건데요?"

"족제비라도…."

"족제비요? 족제비 잡으면 팔 줄은 알아요? 잡기만 했지. 팔아본 적도 없고 값이 얼만지도 모른다면서요?"

"그거야 그렇지만…. 형들한테…."

"형들요? 앞으로도 계속 형들 밑에서 시키는 일 하면서 노예처럼 살겠다 그 말씀인가요?"

"성자야! 너 제발."

"조영희. 넌 좀 잠자코 있어. 나, 이 남자 안 잡아 먹을 테니까. 가만히 좀 있으라고. 철수 씨! 철수 씨가 대답하세요. 앞으로도 계속 지금처럼 사실 건가요?"

"내가 어떻게…."

"내가 어떻게? 철수 씨는 영희를 대하는 형제들의 태도에 화 안 나나요? 설마 아무렇지도 않다는 겁니까?"

"아무렇지 않은 건 아니고 속은 상하지만…."

"속은 상하지만 형제들한테 따지거나 항의할 생각은 없다는 건가요?"

"그게…."

"철수 씨! 형들한테 따지거나 항의해 본 적이 있기는 한가요?"

"아뇨."

"아니라고요? 억울하거나 부당한 일이 없었다는 뜻인가요? 참았다는 건가요?"

"따져봤자 형제간에 분란이나 나고…."

"분란이 날까 봐 참았다는 거네요. 철수 씨가 참으면 조용히 넘어가니까."

"무섭고 겁나니까요."

"뭐가요?"

"형들이요."

"형들이 무섭고 겁나요? 왜요?"

"죽을까 봐서요."

"죽어요? 죽다니 무슨 뜻이에요?"

"맞아 죽어요. 우리 형들은 마음만 먹으면 나 같은 거 때려죽일 수도 있어요."

"철수 씨! 나는 당장 이 결혼 깨고 내 친구 영희 데리고 가고 싶어요. 그러려고 왔어요. 그런데 저 미련한 것이 일 년을 살아보겠다고 하네요. 일 년을 살면서 당신에게 잃어버린 자존감을 찾아주고 싶대요. 맞서서 죽는 한이 있어도 틀린 건 틀렸다고 말할 수 있게 해주고 싶대요. 어떻게 생각하세요? 지금 가는 게 맞을까요? 일 년을 살아보는 게 맞을까요? 영희는 당신이 일 년이면 형들한테 사과를 받아낼 수 있을 거라고 하던데요."

"받아 볼게요 일 년 안에. 사과 받아내면 저 사람 안 가는 거지요?"

"그래요? 그렇다면 일 년 동안 지켜보겠습니다. 열심히 살아보세요. 열심히 사셔서 형들한테 반드시 사과 받아내세요. 당신을 매질한 것, 약속을 안 지킨 것, 당신 아내를 차별하고 모욕한 것. 다 사과 받아내세요."

"예. 알았어요."

"그리고 알아두세요. 내 친구 영희. 함부로 해도 괜찮은 사람 아닙니다. 차별당하고 무시당할 이유가 없는 사람입니다. 누군가는 자신의 목숨을 바쳐 구했을 만큼 소중한 사람이에요. 사랑받던 사람입니다. 그 사람의 목숨 값으로 살아남은 영희를 함부로 하는 거 하늘도 벌을 내리겠지만 나도 참을 수 없어요. 내 친구 영희 소중하게 대해 주세요.

그리고 또 하나. 확인하고 갈게요."

"뭔데요?"

"민석이 묏등 지켜주겠다고 했죠? 첫 자식 낳으면 민석이 자식 해준다고 했죠?"

"성자야."

영희가 성자를 나무라듯 불렀다.

"넌 가만있고 철수 씨가 대답하세요. 나한테 그렇게 약속했지요?"

"예."

"만약에. 이건 만약인데요. 만약에 철수 씨가 일 년 안에 형들의 사과를 받아내고 잃었던 자존감을 찾아 영희와 살게 되면 그 약속 지킬 거죠?"

"성자야. 자식을 낳아 민석이 자식 해주라는 게 말이 되냐?"

"왜 말이 안 돼? 민석이가 대신 죽어 우리를 살려내지 않았으면 너나 나나 무슨 수로 자식 낳아 부모 노릇 하고 살아? 나나 네가 자식 낳아 민석이 아버지 성을 이어가진 못해도 묏등 지키고 자식 노릇 시키는 거 그것도 못해? 민석이한테 그 정도 대접도 못해?"

"그 약속 어떻게 지키면 되는데요?"

"때 되면 벌초하고. 때 되면 찾아와 문안하고. 수시로 민석이가 누군지. 어떻게 죽어 거기 묻혔는지 말해 주고요."

"알았어요. 약속할게요."

"여기 각서 쓰세요. 일 년 안에 형들에게 사과를 받아 내겠다는 이 약속 못 지키면 이 결혼은 무흅니다. 만약 아이가 생길 경우 아이의 친권도 포기하는 겁니다. 그리고 또 하나, 여동생에게 전하세요. 내 눈앞에 나타나지 말라고요. 내 눈에 띄면 오징어 먹물 발라 내듯 그 주둥이를 토막을 쳐서 으깨버릴 거라고. 그러니 평생 내 눈에 안 띄게 조심, 또 조심하고 살라고요."

5. 둔덕의 호랑이들

 섭섭하고 노여웠고, 노여움은 쉽사리 사라지지 않았지만 이 실패의 원인이 그들은 아니다. 그런데 왜 나는 내 앞에 닥친 실패를 놓고 자꾸만 그들의 이야기를 하고 싶어 하는가?

 호랑이의 서식지를 검색해 보니, 산림, 관목림, 덤불로 되어 있다.
 호랑이는 고양이과 동물 가운데 몸집이 가장 큰 동물이었다고 한다. 우리나라에 서식했던 것으로 알려진 시베리 아호랑이는 한 마리가 차지하는 텃세권이 3,200㎢에 이른다고 한다. 먹이를 찾아서 하루에 80~90㎞를 돌아다니며 멧돼지나 사슴부터 메뚜기까지 닥치는 대로 잡아먹는다고 한다. 하루에 9~10㎏의 고기를 먹어치운단다.

호랑이는 한 번에 새끼를 두 마리에서 네 마리까지 낳으며 새끼를 밴 지 95일에서 112일쯤이면 새끼를 낳는다고 한다. 새끼는 태어난 지 2주쯤 지나면 눈을 뜨고 이빨이 자라기 시작하여 5~6개월이면 젖을 떼고, 한 살이 되면 스스로 사냥을 시작하여 서너 살이 되면 어미 곁을 떠나 자기 텃세권을 따로 둔다고 한다.

산신령, 또는 노야. 즉 늙은 남자로 불리며 높임을 받던 호랑이는 왜 그 개체가 급격히 줄어 멸종위기종이 되고 말았을까?

텃세권이 워낙 넓다 보니 전국이라고 해봐야 개체수가 많지 않았을 것이라는 것.

가죽을 노린 일제 밀렵꾼들의 무분별한 총기사살과 포획.

초식동물이 살 수 있는 터전이 사라져 버린 산림의 황폐화.

밀렵군들 때문이라면 가죽을 벗김 당해 멸종된 것이고, 산림의 황폐화가 원인이라면 굶어 죽어 살아남은 놈이 없다는 것이다.

 호랑이가 멸종된 원인을 찾듯 실패의 원인을 찾고자 한다. 왜 나는 굳이 이 일을 시작해야 했으며 그 결과 실패할 수밖에 없었을까? 그것을 찾는 데 어떻게든 그들을 등장시킬 수밖에 없었던 까닭에 대한 성찰이랄까. 그들이 철수의 가족이고 내가 철수의 가족인 탓으로 겪을 수밖에 없었던 갈등! 갈등에서 비롯된 실패라는 변명 뒤에 숨기고 싶은 나.

 멸종된 호랑이들이 그곳에는 살고 있었다.
 산림이 사라지고, 관목림이 사라지고, 덤불이 사라진 후 봉긋하게 솟아오른 민둥산자락 둔덕이었다.
 가림막과 그늘막이 사라진 민둥산자락 둔덕에 저희끼리 남겨진 호랑이들은 눈만 뜨면 으르렁거리며 먹잇감을 찾았다.
 80~90㎞를 돌아다니는 거칠 것 없는 체력으로. 하루 9~10㎏을 먹어야만 하는 저주받은 식욕으로.
 날카로운 눈으로 사방을 꿰뚫어 보며 입맛을 다셨지만 오늘은 무슨 고기로 배를 채울까? 그들의 명제는 쉽사리 해결되지 않았다.

고기로 채워지지 않는 식욕을 술로 대신하기라도 하려는 듯 그들은 거의 날마다 술을 마셨다. 그중 한두 명이 마신 날도 있었고 네 명 전원이 술에 취한 날도 있었다. 그들이 술을 마시면 그들이 사는 둔덕의 작은 짐승들은 칼을 숨기느라 바빴다. 칼을 숨기고, 농약병을 숨겼다. 밧줄을 숨기고 돌멩이도 숨겼다. 숨기고, 숨기고, 또 숨기고. 내던져서 부서지거나 흉기가 될 만한 것들을 골라 숨기고 숨기다 보니 그들이 사는 집은 여느 집들과 같지 않았다.

화분이나 액자, 거울이 없었다.

상은 다리가 부러져 있었고, 식탁에는 칼에 찍힌 자리가 깊게 패어 있었으며 장롱은 문짝이 떨어져 덜렁거렸다.

그들이 사는 둔덕에는 아직 잡아먹히지 않고 살아 있는 작은 짐승들이 있었다.

그들의 이름은 늑대와 여우와 토끼였다.

그들은 어떤 호랑이가 술을 먹고 어떤 호랑이가 제정신인지를 파악하기 위해, 끼니가 명제인 집이 허다하던 그 시절에 집집마다 전화기를 놓고 살았다. 전화기가 있어야 살아남을 수 있으니까, 그들에게 전화기는 생명선이었다.

고샅 가운데로 어둑한 어둠이 몰려들기 시작하면 각자 자기 집 전화기 앞에 앉아 자신이 입수한 정보와 상대방의 정보를 교환하고 공유함으로써 피해를 최소화하려는 연합

피해대책을 펼쳤다.

"지금 ○○아부지 김 아무개랑 모처에서 술 마시고 있고만이. 들어간 지 한참 됐응게 준비 단단히 혀. 낫이랑 호미 같은 것도 다 치워번지고. 애덜 옆집으로 치우고."

"아주버님 취해서 식탁을 들어엎고 난리에요. 손님 다 내쫓아 장사 망친다고 쥔 여자 난리구요. 기물 파손에 장사 못한 것까지 다 배상 안 하면 파출소 순경 부른다고 해서, '그만 죄에 그 양반 평생 가둬 두겠냐? 벌 받고 나온 그 양반 손에 죽고 싶지 않으면 맘대로 해보라'고 했어요. 그나마 이 바닥에서 장사해먹기 싫으면 알아서 하시라고. 쥔 마누라 겁먹었을 테니 형님이 가서 적당히 합의 보세요. 형님까지 날뛰다가 날 잡아잡수 하고 장사 때려치울 테니 법대로 해보자고 덤비면 골치 아프니까 살살 달래시구요."

"나는 그냥 네, 네, 해요. 도망갈 틈이 있으면 좋은데 느닷없이 들이닥쳐 뒷덜미를 잡히면 별 수 있나요. 뭐라고 하건 '네, 네, 당신 말이 다 맞아요. 잘못했어요. 다 내 잘못이에요.' 그러면 때려도 많이 안 때리더라구요."

"그랴. 그래야지. 술 취헌 사람 붙들고 옳으니 그르니 해봐야 매만 버는 꼴 아녀. 아! 왜 미련을 파? 맞아봐야 저만 골병드는 걸."

"그리어. '엄마한테 가봤냐?' 그러면 '그럼, 가봤지. 가서 쇠고기 국거리 두 근 끊어다 드리고 왔지' 그래. '셋째네 좀 들여다봤냐?' 그러면 그랬다고 그래. 어차피 술 깨고 나서 확인할 것도 아닌데 곧이곧대로 말했다가 집안 시끄러울 게 뭐 있어? 다 좋은 게 좋은 거지."

전화통을 붙잡고 이런 정보와 대책, 행동지침들을 주고받았다.

그런 사람들이니 그들의 말을 믿고 뭔가를 계획하거나 설계하면 철수처럼 낭패를 겪게 마련이었다. 그들은 자신들이 살기 위해서는 어떤 약속도 할 수 있었고, 어떤 약속도 파기할 수 있었다. 그리고 그들이 뭉치면 그 집안에서 안 될 일이 없었다. 그 둔덕을 다스리는 건 사나운 발톱과 이빨을 가진 호랑이인 듯 보여도 실세는 그 호랑이를 다루는 조련사들이었다. 그들은 노련한 호랑이 조련사들이었다. 타고난 것인지 호랑이를 달래고 어르며 사는 동안 체득된 것인지 알 수 없는 기술을 가진 그들이 그 집안에서 일어나는 모든 일을 진두지휘하고 있었다.

그들의 약속은 그들에게 유리할 때만 지켜졌다.

"살기 위해서."

지키지 못한 약속에 대한 그들의 변명은 하나로 통일되어 있었다.

살아남기 위해서.

살아남기 위해서 임기응변으로 한 약속이나 즉석즉답으로 내뱉은 말까지 일일이 책임질 여유가 자신들에게는 없다는 것이다.

"아이고. 내가 뭐 쌓아놓고 안 주나? 줄 맘이 없어서 안 줘? 어떻게든 하나라도 더 해주려고 갖은 애를 다 쓰는데도 안 되는 걸 나보고 어떡하라고?"

언제나 펄펄 뛰면서 큰소리를 쳤다.

"내가 언제 무슨 약속을 했다고 생사람을 잡아? 나는 우리 쥔 허락 없이는 시장 출입도 못하는 사람이야. 정신이 나가지 않고서야 무슨 경을 치려고 내 맘대로 그런 약속을 했겠어?"

이렇게 잡아떼면 또 다른 도리가 없다.

기웃기웃. 형들 주변을 맴돌며 속앓이를 하던 철수가 술을 입에 대기 시작했다.

결혼 전에도 술은 마셨다고 했다. 숨어서 홀짝홀짝. 티 안 나게 조금씩 마셔서 눈에 띄지 않았을 뿐이다.

술상을 차릴 것을 명했다.

몽둥이를 들고 날뛸 형도, 일러바칠 형수도 없는 술상 앞에 앉은 철수는 당당해지기 시작했다.

"내 집 안에서 내가 마시겠다는데 언놈이 뭐랄 놈 있어?"

당당해진 김에, 거리낌이 없어진 김에, 술잔을 든 손을 민첩하게 움직여 연거푸 목 안으로 들이부었다. 좀 천천히 마시라고. 누가 뺏어 먹을 것도 아닌데 왜 그렇게 서두르냐고. 말려도 봤지만 소용이 없었다.

술이 들어가고 취기가 퍼지면 또 다른 철수가 등장했다.

"야! 너는 하늘 같은 서방이 술을 마시는데 옆에 앉아서 좀 따라 주면 안 되냐? 술잔은 장모가 따라도 여자가 채워 줘야 맛이라는데 말야. 이건 장가를 가나마나 내 손으로 내 술잔을 채워야 하냐? 야! 대답 좀 해 봐. 대답해 보라고."

이렇게 시작을 한다.

"왜? 사랑받던 분이시라서 나 같은 놈하고는 대작하기 싫다는 건가?"로 수위가 높아지다가,

"일 년만 살아보겠다고? 일 년 살아보고 내빼겠다고?"

결국에는 술상을 뒤엎거나 내던지며 난동을 부렸다.

술상을 내던지는 일이 익숙해지자 밥상을 내던지기 시작했다.

"그래. 나, 모지란 놈이다. 원래 모지란 놈이라서 허구한 날 이놈 저놈한테 쥐어박히고 걷어차이고 살았다. 우습지? 너도 내가 우습지? 아무리 우스워도 그렇지 밥상이 이게 뭐냐? 내가 개새끼냐? 먹다 남긴 거 다시 줘도 감지덕지하

5. 둔덕의 호랑이들

는 개새끼냐고?"

"우리가 먹던 건데. 버리기 아까워…."

밥상이 엎어진다.

"내가 버리기 아까운 쓰레기 치워 주는 쓰레기통이냐고?"

그 알량한 세간들을 던지고 부수는 난동이 이어지고.

"어쩌라고?"

급기야 철수의 주먹이 영희를 향해 날아들었다.

설마….

믿어지지가 않았다.

칼로 찔러 사람을 죽이는 놈을 눈앞에서 봤어도.

형들이 사람을 때려죽이는 호랑이라는 말을 들었어도.

자신 앞에 주먹이 날아들 것이라고는 예상하지 못했던 영희가 '피식' 웃었다.

그리고 그 웃음은 철수가 향후 저지르는 모든 행태의 면죄부가 되고 말았다.

"니가 웃었잖아. 같잖다는 듯. 꼴 같지 않다는 듯."

조롱당한 철수는 무슨 짓을 해도 정당방위가 되고, 철수를 조롱한 영희는 아무리 맞아도 자업자득이었고, 마땅하고 쌌다. 그럼, 맞아도 싸지. 싸고말고.

철수의 난동과 폭행은 나날이 그 수위가 높아지고 잔인해졌다.

그렇다고 손 위 형님들이나 아랫동서를 찾아가 도움을 청하고 싶진 않았다.

첫째, 그들과 은신처를 공유해야 한다는 게 죽기보다 싫었고,

그들의 거짓말과 임기응변을 참아낼 자신이 없었고,

하지도 않은 잘못을 인정해 순간의 위기를 모면하는 방식이 싫었고,

무엇보다도 그들에게 당한 수치와 분노가 잦아들질 않았다.

소문은 때를 기다리지 않는다.

도움을 청하지 않았지만, 그럴 마음이 전혀 없었지만 소문을 들은 늑대와 여우와 토끼가 먼저 영희를 찾아왔다. 도와주겠다면서.

"세상 착하던 사람이 뭔 일인지 모르겠네. 우덜허고 살 때넌 일 년 내내 배추짠지 하나만 가져도 밥투정이라고는 모르던 사람이었는디. 얼마나 심사가 뒤틀리면 밥상을 내던졌겄어? 딸린 새끼가 있넌 것도 아녀서 신랑 비위 하나 못 맞추고 쯧! 쯧! 쯧. 시상에 셋째 삼촌 같은 사람만 있으면 걱정헐 게 없다고들 혔구만."

5. 둔덕의 호랑이들　63

나동그라진 밥상을 내려다보며 혀부터 찼다.

"누가 아니래요? 누구는 누구만 못해서 참고 산대요? 서방 비위 맞추기 싫으면 아예 시집을 오지 말았어야지."

"우리 집 식구들이 성질이 사나워서 그렇지 나쁜 사람들은 아니잖아요."

"내 말이. 사회생활도 헐 만큼 했다는 사람이 융통성이 좀 있어야능거 아녀? 도대체 어떻게 혓길래 이 순헌 사람이 이 난리를 핀댜?"

요점은 장가를 가고 나서 사람이 달라졌다는 것, 여자를 잘못 만나 못되게 변해 버렸다는 것이다. 남편은 술에 취해 난동을 부리고, 동서들은 니 탓이라며 손가락질들을 해대고, 쌀독의 쌀은 바닥을 보이고…. 어렵고 힘든 시기였다.

"바드득 이를 갈고 죽어 볼까요?"라는 시구가 떠오를 만큼 힘든 시간들이었다.

그래도 영희는 그들 앞에 손을 내밀고 싶진 않았다.

"일 년 내내 배추짠지 하나만 줘도 밥투정 안 한 거. 형들한테 일러서 맞아 죽을까 봐 그랬답디다. 참고 견디면 먹고 살게 해줄 거라는 약속 때문에 참았답디다."

그 일 년….

6. 또 한 사람 최

    남편 철수. 형들에게 속았다는 건 알았지만 그렇다고 마누라인 영희가 믿어지지도 않았다. 자신의 힘으로 할 수 있는 건 없었고, 방법은 떠오르지 않았다. 그 판국에 형수들과 등을 지고 나선 영희 때문에 내 편이 없는 상황에 내몰린 철수는 불안 때문에 더더욱 난폭해졌다.

    더는 견딜 수 없어진 영희가 이제 정말 떠나야 하나, 고민할 무렵. 한 남자가 등장했다. 최였다.

    최의 이야기를 하려고 한다.

    완벽하게 확증된 실패의 완벽한 조력자? 피해자?

철수는 여전히 형들의 노예에서 벗어나지 못했다. 형들이 포악하기만 한 게 아니라 거짓 약속에도 능한 자들이란 걸 알아버렸지만, 혼자서 살아갈 방법을 찾아내지 못했기 때문이었다. 살아갈 방법도 방법이지만 그것을 찾지 못하면 떠나겠다는 영희가 불안해 마음을 놓을 수가 없었다.

결혼을 하면 형들이 약속한 내 집에서 내 땅에 농사를 지으며 내 여자인 아내와 행복하게 살 것이라 믿었다. 그 믿음 하나로 그 오랜 시간 동안 모진 고문과도 같은 고통을 참아 왔는데, 결혼과 함께 이루어지리라 믿었던 꿈은 결혼과 함께 박살이 나 사라져 버렸다.

성자와 약속한 일 년이 가까워올수록 철수의 고통과 혼란은 더욱더 가중되었다. 형들이나 아내나 믿을 수 없다는 점에서는 다를 게 없었다. 믿을 사람이 없으니 하루하루가 불안했고, 다른 방법을 모르는 철수는 불안을 핑계 삼아 술을 마셨다.

술에 취하면 불안이 증폭되었고, 증폭된 불안 해소의 일환으로 행사되기 시작된 폭력이 습관으로 굳어지고 있었다.

결혼을 하면 "사랑해 당신을, 정말로 사랑해" 하면서 사랑노래만 부르고 살 줄 알았는데. 적어도 형들이나 형수들처럼 한 덩어리가 되어 한 목소리는 내게 될 줄 알았는데.

영희와 철수.

한 덩어리가 되어 한 목소리를 내는 건 고사하고 하루도 조용히 넘어가는 날조차 없었다. 철수가 죽인다고 하면 영희가 죽이라고, 죽여 보라고 대들었다.

철수는 자신이 너무 억센 여자를 아내로 맞은 탓이라고 생각했다. 그리고 이 억센 여자를 다루는 방법은 매 외에 다른 길이 없다고 생각했다. '매 앞에 장사 없다'는 형들의 폭력의 변을 아내에게 적용시켜 보니 그럴 듯했다.

'오죽하면 내가 너를 때리겠느냐? 말로 하면 니가 알아듣냐? 때리는 놈은 뭐 좋은 줄 아냐. 나도 힘들다. 매가 싫으면 말을 잘 듣던가. 매질을 해야 겨우 알아 처먹으니 나도 너무 힘들다.'

'형수들은 형들이 눈만 크게 떠도 알아서 겁을 먹는다. 형수들처럼 남편인 나를 겁내 주면 좀 좋은가. 겁을 먹고 다소곳해지면 집 안팎이 조용해질 텐데.'

철수의 아내 영희는 남편과 맞서는 것도 모자라 형들 앞에서까지 잘못을 지적하고 나섰다.

"아주버님! 사과하세요. 아무리 동생이지만, 아무리 큰 잘못을 저질렀다 해도 사람이 사람을 때릴 권리는 없습니다. 사과하세요."

모자란 건가. 겁이 없는 건가.

남편 편을 들겠다는 것인지, 죽이겠다는 건지 알 수가 없다.

그냥 뒀다가 무슨 소리를 더 지껄일지 모르니 우선 저 입을 막아야 한다. 입을 막는 방법은 하나. 매밖에 없다. 형들이 노를 발하기 전에 아내를 끌고 나온다.

"아무래도 너 좀 맞아야겠다. 아무리 눈치코치가 없어도 그렇지. 거기가 어느 안전이라고. 형들이 어떤 사람들이라고."

아내인 영희를 잡아끌고 돌아와 방구석에 몰아넣고 겁을 줘도 영희의 기세는 누그러지지 않았다. 매를 부르는 여자였다.

주먹질에, 발길질을 멈출 수 없게 하는 여자였다.

"때리는 나도 괴롭다. 내가 너를 때리고 싶어 때리겠냐?"
때리다 보니 때리는 일에 정당성이 생기고, 정당성이 생기니 멈출 이유가 없어졌다.
"너 때리는 나는 편한 줄 아냐? 니가 형수들처럼 요령 있게만 굴어봐라. 내가 왜 니 몸에 손을 대겠냐?"
이유를 들이대기 시작하자 아내인 영희가 맞아야 할 이유만도 부지기수였다.
"정말 형수들한테 그렇게 싸가지 없이 할래? 죽는다. 너, 정말 죽인다."

남편이 이렇게 나오면 "알았어. 다음부터는 잘할게"라든가 잘 모르면 "어떻게 하는 게 싸가지 있게 하는 건데" 물어라도 보면 좋을 텐데. 이 잘난 여자는,

"느네 형수들이 나한테 한 짓을 생각해 봐. 누가 싸가지가 없는 건지. 그리고 뭐 형수한테 굽실대지 않는다고 죽이냐? 죽여라. 죽여 봐."

이렇게 대들어 매를 부른다.

죽이라고 달려드는 영희의 목을 졸라 죽일 뻔한 일도 있었다.

몽둥이를 휘둘러 실신시킬 뻔했던 날도 있었다.

아침이 되면 후회가 밀려왔다. '이러다가 정말 마누라 잡겠다, 술 끊어야지 큰일 나겠다.' 다짐 또 다짐을 했다. 하지만 형들에게 불려가 갖은 타박을 당하며 시달리다 보면, 형이나 형수들 앞에 여전히 각을 세워 꼿꼿한 아내를 보면 아침의 다짐은 허사가 되기 일쑤였다.

'다짐해 봤자지. 나 같은 게 뭘 하겠다고. 내 주제에 무슨 큰일을 하겠다고.'

자존은 무너지고 술 먹을 핑계만 남아 발길을 끌었다. 술기운이 돌고 술집 화장실 거울에 비친 참담한 제 모습에 놀라 집으로 돌아오니 아내는 잠들어 있었다.

'고단도 하시겠지. 못난 서방 따라서 노예살이 해내기만

도 힘들 텐데 온갖 참견에 온갖 옳고 그름까지 따지려니 고단도 하시겠지.'

고단하게 잠들어 있는 아내를 보는 순간 울화가 치밀었다.

'그러게 누가 너더러 형들한테 따지고 들래? 누가 너더러 형수들 앞에서 잘난 척하래? 눈 밖에 나서 눈총 받으니 좋아? 고개 빳빳이 들고 대들어서 안 그래도 모자란 놈, 마누라 하나 단속 못하는 빙충이 머저리 만들어 놓으니 좋아? 좋아서 잠이 쏟아져?'

생각할수록 울화가 치민다.

"야! 일어나. 서방이 안 들어왔는데 너는 퍼자냐? 안 일어나?"

툭툭 발길질을 하면서 고함을 질렀다.

눈을 뜬 아내 영희가 자리에 누운 채 대답했다.

"조용히 들어와 자. 주인집 사람들 깨우지 말고."

"안 자고 있었나? 주인집 사람들 잠 깨는 건 겁나고 서방은 겁 안 나냐?"

"겁 안 나."

"안 나?"

"이것 봐라. 니가 아직 뜨거운 맛을 못 봤지."

화가 난 철수가 부엌으로 달려가 석유통을 들고 들어왔다.

"야! 일어나. 이 석유 그 이불 위에 들이붓고 라이터 켤 테니까, 타 죽기 싫거든 일어나. 살고 싶으면 일어나서 도망가라고."

"하고 싶은 대로 해."

영희가 대답했다.

"내 말이 우습지? 내가 지금 헛소리하는 것 같지?"

철수가 석유통 뚜껑을 열고 영희가 덮고 있는 이불 위로 들이붓기 시작했다. 영희는 누운 채 그 모습을 바라보는가 싶더니 이내 눈을 감아버렸다.

"야! 너, 안 일어나? 정말 안 일어나? 불 붙인다. 정말 불붙인다."

"라이터 켜고 싶으면 켜. 불 붙이고 싶으면 붙이라고. 나, 죽는 거 겁 안 나. 당신이 이렇게 사는 게 겁나지."

"뭐. 나 사는 게 뭐?"

"이건 사는 게 아냐. 인간은 이렇게 살아선 안 돼."

철수가 라이터를 든 손으로 이불을 걷어 올리며 울부짖었다.

"그냥 좀 넘어가 주면 안 되냐? 따지고 맞서지 말고. 그냥 형님, 형님 사근사근하게 굴어 주면 안 되냐? 웃고 넘어가 주면 안 되냐? 서방이 같잖아 보여도 좀 겁내 주면 안 되냐? 겁도 내고 도망도 좀 쳐 주면 안 되냐?"

석유 냄새가 진동하는 가운데 몸을 일으켜 앉은 영희가 대답했다.

"도망? 어디로 갈까? 당신 형님들 찾아가 살려달라고 할까? 당신 형수들 고소해하라고. 당신 동생 찾아가 숨겨 달라고 할까? 당신 제수 콧대 좀 더 높아지라고. 어디로 갈까? 아무리 생각해도 난 갈 데가 없네."

"좀 고소해 하면 어때서? 콧대 좀 높여주면 어때서? 그런다고 골병이 드는 것도 아닌데 그걸 안 하겠다고 버텨서 나를 이렇게 나쁜 놈을 만들어야 하냐? 속이 시원해?"

"당신, 지금 나한테 이럴 때가 아닐 텐데. 이래서야 일년 안에 사과를 받아내려나."

그 난리를 겪으면서도 영희와 철수는 형수들에게 불려다니며 심부름을 해야 했고, 시키는 일들을 해낼 수밖에 없었다. 철수는 여전히 형들을 벗어나 사는 방법을 찾아내기 전인 데다가, 여자는 밖에 내보낼 수 없다는 가문의 철칙을 버리지도 않았기 때문이다.

영희는 자신의 몸에 이상이 생겼다고 생각했다.
며칠째 온몸에 오싹한 한기가 돌고 나른한 게 눕고만 싶었다.

'매를 너무 맞았나? 노역이 너무 고되어선가?'

그러면서도 생각했다.

'이 집안 식구들은 왜 틀린 걸 틀렸다고 하면 이성을 잃는 걸까? 아닌 걸 아니라고 말하면 죽이겠다고 으르렁거리는 걸까?'

두터운 옷을 덧입다가, 냉수라도 마시고 정신을 차리자 물컵을 들다가,

'혹시…. 그렇다면 도망을 쳐야겠구나. 스스로 벗어나지 않으면 나를 구하러 올 사람은 없다.'

두 손으로 아랫배를 감쌌다.

'아가야! 안심해라. 엄마가 너를 지키고 있다.'

방문을 나서, 대문을 지나고, 고샅을 거쳐 큰길에 들어섰다. 서울 가는 차비는 안 주머니에 있고, 이 길을 걸어 버스를 타기만 하면, 역으로 가서 서울 가는 기차를 타기만 하면. 버스를 기다리는 동안 누군가의 눈에 띄지만 않는다면. 간이 오그라드는 두려움을 안고 걸음을 재촉하는데 '헉' 등 뒤에서 철수의 목소리가 들렸다.

"야! 너, 어디 가?"

못 들은 척 걸음을 빨리했다.

"어디 가냐고? 오늘 형네 고추 따러 가야 한다는 말 못 들었어? 야! 너, 사람 말이 말 같지 않아? 형네 밭은 저쪽이잖아?"

뒤쫓아 온 철수가 뒷덜미를 움켜잡았다. 고개가 뒤로 확 젖혀지면서 걸음이 멈춰졌다. 철수가 움켜쥔 겉옷에서 몸을 빼내 차도로 뛰어들었다. 자동차 급정거하는 소리와 악을 쓰는 철수의 목소리가 동시에 들려왔다.

"야! 너 뒈지고 싶어? 뭐하는 지랄이야?"

영희를 1m 앞에 두고 급정거를 한 운전자는 운전대에 엎드려 가슴을 쓸어내리고 있었고, 차도로 뛰어든 철수는 영희를 차도에 세워둔 채 팔을 들었다.

철수가 손을 뻗어 영희를 내려치려는 순간 높낮이 없이 조용한 목소리가 들려왔다.

"형!"

최였다.

7. 담보 채권 체결

 나는 왜 치명적인 실패 앞에서 그들을 이야기하고 싶어 하는가?
 아름답기는커녕 매순간 처절하고 지난했던 그때의 그들을.

 소식을 들은 성자가 한달음에 달려와 주었다. 영락없는 노예생산자가 돼 버렸으니 어쩔 거냐고 펄펄 뛸 줄 알았는데 장하다고 했다. 축하한다고도 했다. 이젠 철수를 인정하겠다는 뜻이냐고 물었더니 그건 아니라고 했다.
 "이젠 정말 따지고 요청하겠지."

"응?"

"자신에게 행해졌던 폭력의 부당성. 지켜지지 않은 약속에 대한 보상."

"그럴까?"

"그럼. 그럴 거야. 그래야지. 자식이 생겼는데."

성자는 영희의 뱃속에 든 아이가 철수에게 큰 용기를 줄 것이라고 했다. 그리고 그 용기에 힘입은 철수는 탈 노예, 탈 형제를 이뤄낼 수 있을 것이라고 했다.

피막의 아버지를 살린 건 내 집, 내 여자, 내 자식을 향한 열망이었다.

철수.

영희 아버지처럼 아이와 영희를 향한 열망으로 이겨내줄까?

망설이던 철수가 마침내 입을 열어 물었다.

"형! 왜 그렇게 나를 때렸어?"

철수의 형이 철수를 한 번 힐끗 흘겨본 뒤 대답했다.

"왜긴 자식아. 맞을 짓을 하니까 때렸지."

철수. 말문이 탁 막힌다. 맞을 짓을 해서 때렸다는데 할 말이 떠오르지 않는다. 머뭇머뭇 또다시 묻는다.

"무슨 맞을 짓을 그렇게 많이 했는데?"

"근데 이 자식이 못 쳐먹을 걸 쳐먹었나? 너, 일 안 해?"

"무슨 맞을 짓을 그렇게 많이 했는데? 나 많이 맞았잖아. 거의 날마다."

"얌마! 넌 그냥 서 있기만 해도 맞을 짓이었어. 숨 쉬는 것도 맞을 짓이었다고. 넌 그냥 생긴 것부터가. 생겨난 것부터가 재수 없는 밥맛이었어."

"왜?"

"왜는 무슨 왜야 자식아. 그냥 너만 보면 재수가 없고 화딱지가 나고 패죽이고 싶었다니까. 아부지를 닮은 걸음걸이도 재수 없고, 엄마를 닮은 눈을 보면 더 화딱지 나고. 병신처럼 징징거리면 죽이고 싶고."

너무도 당당히 자신이 맞아야 할 이유들을 열거하는 형 앞에서 사과하라는 말은 차마 입이 떨어지지 않는다.

"그래도 나를 너무 많이 때렸잖아? 나를 너무 많이 아프게 했잖아?"

이어서 "그러니까 사과해. 나를 아프게 때린 거 사과해"라고 말하려 하는데 형이 손가락질을 하며 웃었다.

"이 자식이 이거 미친 거 아냐? 얌마! 맞으면 당연히 아프지. 간지러운데 긁어주려고 때렸겠냐? 너, 잘 키워 장가까지 보내줬더니 딴생각 나냐? 슬슬 기어올라 보겠다 이거야?"

"기어오르겠다는 게 아니라 왜…"

"이 자식이 아직 매가 모자란가? 니가 이렇게 매를 부르는데 내가 어떻게 안 패냐? 패지 않고 무슨 수로 너 같은 놈을 휘어잡냐고? 너 이리 가까이 와 봐. 내가 왜 너를 때리는지 확실히 알게 해줄 테니. 이 자식이 좀 풀어준다 싶으면 하늘 높은 줄 모르고 개기려 들고 말야. 이리 안 와? 너, 도망가? 이 자식이 도망가면 내가 못 잡을 것 같아?"

형은 길길이 날뛰고 철수는 혼비백산 줄행랑을 치면서 소리쳤다.

"나도 이제 곧 애기아빠 될 거야. 이제 형들 나 못 때려."

형수들이 철수의 단칸방을 찾아왔다.
"쯧! 쯧! 쯧! 애만 낳아 놓으면 뭐하나? 어른이 돼야지."
"무슨 소리예요?"
"아니, 셋째 삼촌이 어떻게 형들에게 왜 때렸냐고 따져요? 형들이 왜 때렸는지 정말 몰라요? 형들이 셋째 삼촌한테 어떻게 했는데."
"때리고 부려먹었잖아요."
"아이고, 우리 삼촌 말하는 본새 봐라. 옛말 그른 거 하나 읎다. 자고로 머리 검은 짐승은 거두능기 아니라더니. 삼촌이 옳게 허는 일이 뭐시 있다고 부려먹었냐? 이자 장가도 들었고 애도 들어섰당게 이참에 생각이란 걸 좀 허고 살어. 형들 찾아댕김서 헛소리나 지껄여 형들 울화통 터져 죽게 허지 말고유. 오죽 답답허면 형들이 두들겨 패서라도 사람얼 만들라고 그 용들얼 썼겄나 생각얼 좀 해 봐유."

"그나마 형들 아니었으면 삼촌이 아직까지 살아남아 있기나 하고?"

"그동안 멕여주고, 입혀주고, 뭔 일 생길 때마다 열일 제치고, 팔 걷어부치고 나서준 형들 은공에 사례를 못 헐망정 따지고 드는 기 이기 말이나 되는 야그여?"

"이게 뭐 삼촌 머릿속에서 나온 생각은 아닐 테고. 베갯머리 송사라고 마누라가 부추기니까 착해 빠진 우리 삼촌이 그래도 되는 것인가 한 거겠죠. 그렇지? 삼촌."

사과는커녕 영희까지 두들겨 팰 기세다.

"미안해요. 내 생각이 짧았어요. 돌아들 가세요. 형들 화 풀리면 일 나갈게요."

걸음걸이가 아버지를 닮아서 맞아야 한다니.

엄마를 닮은 두 눈 때문에 때려야 했다니.

철수. 답답하다.

그렇게 죽어버린 아버지의 죽음을 받아들이기 쉽지 않았을 것이다. 당혹스럽고 고통스러웠을 것이며 잊고 싶었을 것이다. 아버지는 죽어 떠났는데 아버지를 보는 듯 걸음걸이를 흉내 내는 동생이 미웠을 것이다. 너만 아니면 잊을 수 있는데. 너만 아니면 잊고 살 수 있을 것 같은데. 거기서부터 시작되었을 것이다. 잊고 싶은 걸 생각나게 하는 건 고문이다.

고문의 고통에서 벗어나고자 폭력을 시작했을 것이다.

그리고 폭력이 지속되는 동안 그들은 잊은 것이다. 이 고통의 시작이 아버지였다는 걸. 철수 역시 아버지의 죽음이 당혹스럽고 고통스런 자식이라는 걸.

그것을 잊은 그들은 혼란스러웠을 것이다.

아버지가 스스로 목숨을 끊은 것인지. 철수 때문에 죽어 버린 것인지.

죽은 아버지 때문에 원통한 것인지. 철수가 살아 있어서 원통한 것인지.

혼란스러울 때는 눈을 믿는 것이다.

안 보이는 아버지에게 할 수 없는 것들을 눈에 보이는 철수에게는 할 수가 있다. 때리는 것도. 겁주는 것도. 심지어 죽이는 것도 가능하다. 살아 있는 철수에게는.

그것을 깨달은 그들은 철수라는 힘없는 동생을 자신들

의 분노 틀 안에 감금, 모든 책임과 이유를 전가시키는 것으로 자신들은 자유롭고 싶었을 것이다.

"열다섯 살. 모쟁이하던 큰형은 그때 다 봤대. 농약을 마신 아버지가 간질하는 것처럼 쓰러져 뒤틀리는 사지를 버르적거리며 입에서 게거품을 토해내는 걸. 그렇게 죽을 줄 몰랐대. 뒷집 용구아부지가 들쳐 업고 약방으로 갔으니 살아 돌아오려니 했대. 무슨 일이 있어도 오늘 모내기 끝내야 한다는 엄마 말이 생각나, 모단을 집어 더 멀리멀리 집어 던졌대. 아부지에 용구아부지까지 빠졌으니 오늘 모내기 끝내려면 힘들겠다. 그러면서."

그들은 철수가 아버지를 잃은 아이라는 걸 잊었는데, 철수는 그들이 아버지를 잃었다는 걸 기억했다. 연민이었다.

"아부지가 날 꼭 데리고 다녔거든. 내 손에 소고삐를 쥐어주고 '그놈 참. 그놈 참' 하면서 대견해 했었지. 아부지가 죽어서 아부지를 부르며 우는데 큰형이 달려들어 두들겨 패더라. '운다고 뒈진 아부지가 살아 돌아오냐? 앞으로 누구든지 내 앞에서 아부지를 부르며 우는 놈은 내 손으로 죽여버리겠다' 그러면서. 아부지가 죽어버린 자식은 울 수도 없다는 걸 아버지가 죽고 나자 바로 알게 되었지."

영희가 철수에게 물었다.
"족제비 잡는 거 말고. 형네 집 일 돕는 거 말고. 뭘 하고 싶어?"
"떡방앗간."
"떡방앗간? 왜?"
"떡 많이 먹을 수 있잖아."

영희가 철수를 앞세워 성자네를 찾아 성자 남편과 마주 앉았다.
"떡방앗간 하나 차려주세요."
"어디다가요? 하필이면 왜 떡방앗간인데요?"
"이 사람 사는 거기다가. 이 사람이 떡방앗간 하고 싶대요."
"서울로 오시죠. 서울에서라면 더 잘 도울 수 있는데."
"지금 거기다가요."
"왜요?"
"거기서 보여 주고 싶어요. 형들이 생각하는 것만큼 형편없는 놈 아니린 거. 그래서 형들이 사과하게 할 거예요. '내가 널 잘 몰랐다. 미안하다' 사과받고 싶어요."
"그렇군요. 담보는요?"

"내 뱃속에 든 아이로 담보할게요."

"그 아이 이미 민석 씨 자식으로 담보 설정 돼 있어. 부실채권 만들지 않으려면 추가 담보 설정해야 해."

"다른 담보 없는데."

"너. 나는 무엇보다 너를 빼오고 싶거든. 철수 씨, 어떡할래요? 떡방앗간 차리는 거 도와줄 테니 영희랑 영희 뱃속 아이 담보로 걸래요?"

영희가 철수의 옆구리를 찔러 신호를 했고 어리둥절한 얼굴의 철수는 고개를 끄덕였다.

"계약서 작성은 끝났구요. 이자 지급 날짜, 원금 상환일을 두 번 이상 어기시면 그 즉시 담보물건 압수 들어갑니다."

영희 방앗간 탄생 비하인드 스토리이다.

8. 철수, 엄마를 소환하다

연민이라고 했지만 결국은 사랑이었다. 흐르고 흘러 최에게 이르기까지 일련의 일들은 애증이라는 이름의 또 다른 사랑이었다.

철수가 방앗간을 열고 자리를 잡아가자 친구들이 몰려들기 시작했다.

기껏해야 이 새끼이거나 미친 자식이었던 호칭이 이 사장으로 바뀌고 여기저기 가입섭외가 들어왔다.

"야! 야! 반갑다. 이 사장. 사업 잘 되지? 얼마나 좋냐? 이렇게 만나니 얼마나 좋아? 일만 하지 말고 자주자주 얼굴 좀 보고 살자."

찾는 사람이 많아졌고 불려 다니는 곳이 많아졌다.

자율방범대원 창립회원.

의용소방대원 창립회원.

라이온스클럽 회원가입.

동창회 출석.

새마을지도자.

각종 동네모임.

친목회….

철수가 튀어 오르기 시작했다.

바람을 너무 넣은 축구공처럼 통통 튀어 멈출 줄 모르고 여기저기를 불려 다녔다.

"모임도 좋지만 일을 해야지."

"모르는 소리 좀 하지 마. 사업을 하려면 여기저기 눈도장을 찍어 놔야지. 차려만 놓는다고 손님 오냐? 들어박혀 일만 한다고 돈이 벌려?"

"돈 벌자고 빚 내서 방앗간 차렸는데 당신 술값 대다가 바닥나겠어. 이러다가 성자 빚은 언제 갚아?"

"이 사람이. 당신은 직장 생활만 해서 사업을 잘 몰라.

사업이라는 건 일만 열심히 한다고 되는 게 아냐. 사람을 알아놔야지. 사람을."

"사람을 사귀지 말라는 게 아니라 술값이 너무 든다고. 당신 몸도 축나고."

"야! 걱정 마. 소금도 먹은 놈이 물을 켠다고, 제 놈들이 내 술 얻어먹고 딴 데 갈 수 있냐? 엄마는 동네마다 의형제, 의남매가 있었고, 친목계가 있었어."

엄마.
철수의 입을 통해 엄마가 소환되었다.
살빛이 희고, 얼굴 가득 고운 도화색이 도는 자식이 다섯이나 딸린 젊은 과부.
젊은 과부가 잡다한 생필품 보따리를 머리에 이고 거리로 나서 이 마을 저 마을을 기웃거리기 시작했다.
젊은 과부의 보따리 속엔 없는 게 없었다.
월남치마, 몸뻬, 국방색 작업복, 각종 색조 화장품, 미제 화장품, 술 약, 빵 약으로 불리는 이스트, 녹각을 비롯한 각종 영양제들….
물건 보따리를 머리에 인 젊은 과부가 분 냄새를 풍기며 마을로 들어서면 남정네들이 먼저 코를 벌름거리며 모여들었다.

"시상이 험헌디. 이렇게 젊고 약한 샥시가. 우리 의남매를 맺는 건 어떨까? 오래비 얼굴 봐서라도 이 동네서는 동상헌티 허튼 짓 헐 놈 없을 틴디."

그럴 줄 알았다는 듯 아낙들이 모여 들었다.

"그것이사 그렇제. 멀쩡헌 오래비에 올케가 딱 버티고 있넌디 언감생심. 뭔 경을 칠라고."

가는 곳마다 젊은 엄마의 오라비와 올케를 하겠다고 나서는 사람들의 성화 통에 젊은 과부 철수 엄마는 보따리를 이고 나서자마자, 국민 여동생, 국민 시누이로 등극. 존재감을 드러내기 시작했다.

그렇게 한 동네. 두 동네.

철수 엄마는 오래지 않아 행상을 가는 모든 동네에 베이스캠프를 설치하게 되었다.

"아이구, 오라버니! 요것은 양놈덜 나라서 물 건너온 담밴디 워낙 구하기가 하늘에 별따기여유. 딱 하나. 오라버니 줄 것인디 안 주면 안 된다고 사정사정 혀갖고 **빼왔당게요**. 피다 들키믄 감옥 간다닝께요. 그만큼 귀헌 물건인 줄이나 아셔유. 요것은 양산. 이쁜 우리 성 심사 틀린 봄볕에 타서 깜둥이 돼불믄 안 됭게유. 비 맞으면 상헝게 볕 사나운 날만 쓰시는 거 잊지 마시구유. 아이고, 고운 우리 성이 양산 쓰고 나가믄 고샅이 다 훤허것구먼유."

"워메. 엽엽하기도 하제. 저 맘 쓰는 것 좀 보소. 안 그래도 고운 사람이 말은 또 어째 저리 이쁘게 할꼬? 나가 이런 걸 꼭 바라고 챙겼간디. 동기간 같고 동기간 중이서도 꼭 내 막내 동상 같고. 그래서 맘이 가는 대로 지절로 가게 두는 거뿐인디."

철수 엄마에게는 요렇듯 사람 맘을 뒤집어엎는 재주가 있었다고 했다.

이쁘지.

젊지.

사람 알아보지.

언변 좋지.

보따리 안에 없는 물건이 없지.

어느 동네를 가건 든든한 오라버니와 올케라는 베이스캠프를 둔 덕에 엄마는 보따리를 이고 외진 마을 가가호호를 찾아다니지 않아도 되었다. 물건을 이고 지고 사 달라고 사정을 하는 대신 베이스캠프에 물건을 펼쳐 놓고 신식 춤을 가르치거나 장구장단을 쳐 주었다.

"도시 것들은 내외간이 이라고, 손을 잡고 이라고 돔서 춤 덜얼 춘다, 이 말이여?"

"나도 잘언 몰라유. 물건 들고 이 집 저 집 드나들다가 어깨 너머로 보고 흉내 내는 것뿐여유."

"어깨 너머로 배운 것이 그 정도믄 지대로 배우면 춤 선생 허겄네."

"춤 선생이 별건감요. 갈치는 사람이 선생인 것 아녀?"

"그려. 그리어. 그라고 보니 동상이 우덜 춤 선생이고만. 아따 이 사람덜 내 동생이 장사 작파허고 잔네덜 춤 갈치고 있넌디, 오는 정 가는 정이라고 잔네덜도 뭔 성의를 좀 보여야 안 허겄나? 어여들 와서 골라들 봐."

"그러믄요. 고걸 몰르믄 짐승보다 나을 게 없는 거 아녀유."

저마다 필요한 물건들을 챙겼고 물건 값을 대신할 뭔가를 들고 나왔다.

쌀, 보리쌀, 콩, 팥, 좁쌀, 고추, 고춧가루, 머리카락, 놋그릇….

그렇게 걷어 들인 물건들이 모이면 아들들이 지게로 져 날라 집안 창고에 쌓았다.

엄마의 물건이 쌓이기를 기다려 싣고 가는 장사꾼까지 생겼다.

베이스캠프를 정해 놓고 순회공연을 하듯 운영되는 엄마의 행상은 큰 성공을 거두었다. 다섯 자식을 먹이고 입혔으며 스물일곱 마지기의 문전옥답을 사들였다. 자식들이 원하기만 한다면 공부도 시킬 수 있을 정도로 돈을 벌었다. 그러자니 집에 들어올 틈이 없었다. 그래서 철수 네 집엔 철수 엄마가 없는 날이 많았다. 보름, 한 달, 한 달 보름….

좋은 엄마라고 모든 걸 완벽하게 다 잘하기는 어렵다.

부작용도 있었다.

"큰형이 처음 술을 마셨던 날을 기억해. 엄마의 전화를 받고 보건소를 다녀온 날이었어. 복도에 앉아 낙태수술을 받으러 들어간 엄마를 기다렸대. 형들 둘이서 하는 얘기를 숨어서 들었어. 기다리면서 제발 엄마가 죽지 않게 해달라고 빌고 또 빌었대. 수술을 끝내고 간이침대에 실려 나온 엄마 옆에 쭈그리고 앉아 아무 일 없이 깨어나기를 빌면서 기다렸대. 깨어난 엄마가 집이 아닌 다른 곳으로 가기 위해 버스를 타는 뒷모습을 멍하니 지켜봐야만 했대. 엄마가 탄 버스가 떠나고 한참이나 지나서야 눈물이 나더라고 했어. 형은 교복을 입고 있었고 열여덟 살이었어, 엄마는 너무 젊었고, 너무 예뻤고, 너무 희고 눈이 부셔서 쫓아가 잡을 수가 없었다고 했어. 그날 술에 취해 돌아온 형은 핏발 선 눈으로 나를 잡았지. 아마 죽이기로 작정을 했었던 것 같아. 들여다보러 왔던 육촌 형이 말리지 않았다면 나는 그날 죽었을 거야. 엄마는 여전히 젊고 예뻤고 형은 더 혈기왕성해

졌으며 나는 더 많이 더 모진 매를 맞아야만 했지."

철수의 진술만으론 엄마의 낙태수술이 그 한 번이었는지, 또는 연속적이었는지. 엄마 뱃속 생명체가 오라버니 중 한 명의 아이였는지. 다른 제3의 인물의 아이였는지. 강제로 당한 사고였는지. 애정행각의 결과물이었는지를 알 수는 없다.

엄마는 왜 그 자리에 어린 아들을 불렀을까?

"이게 다 네 아비가 나를 두고 죽어버린 탓이다," 말하고 싶었던 걸까?

"사는 건 이런 것이다. 너희들이 먹고 입는 그 무엇 하나 저절로 되는 건 없다," 가르치고 싶었던 걸까?

자식들이 낙태수술을 받다가 죽어버린 어미의 죽음을 모른 채 한없이 기다릴까 봐 무서웠던 것일까?

"너희들과 다른 자식이 내 안에 있다. 그러나 나는 너희들을 지키기 위해 새로 생긴 내 자식을 버린다," 보여주고 싶었던 것일까?

철수 엄마는 왜 어린 자식을 불러 낙태수술을 하는 자신을 지켜보게 했을까?

철수 엄마를 기억하는 모든 사람들은 말한다.

살빛이 희고, 태가 곱고, 가무에 능했으며 언변이 좋은 사람이었다.

장사수완이 대단했으며 작은 틈새도 놓치지 않는 치밀한 사람이었다.

상처를 입고 마음에 병이 들지 않았더라면 다섯 중 한두 명쯤은 엄마를 닮은 자식이 나올 법한 일이다.

철수라서 안 된다는 말은 아니었다.

철수라서 아니라는 말도 아니었다. 하지만 영희가 볼 때 철수는 달랐다.

모자라거나 부적합하다는 뜻이 아니라 엄마와는 다른 사람이라는 뜻이다.

엄마가 사람의 마음을 휘저어 물건을 파는 사람이었다면 철수는 사람에게 마음을 휘저음 당해 자신을 퍼 나르는 사람이었다.

가입된 모든 모임에 불려 다니며 술을 샀다. 사고, 사고, 또 사고.

굳이 독박을 쓸 필요가 없는 회비가 있는 모임의 술값까지 내고, 내고 또 냈다.

처음엔 모두들 고마워했다.

"아휴! 세상 오래 살고 볼 일이야. 이 사장이 사는 술을 다 먹어 보고."

치하도 하고, 대견해 하기도 하고, "잘 됐다. 더 열심히 살아라" 격려들도 했다.

시간이 흘렀다. 치하하기도 지치고, 대견해 하기에도 물린 사람들은 철수가 사는 술을 마시며 자기들끼리 자기들의 관심사를 논했다. 실컷 마시고 떠들고 놀다가 철수가 눈에 띄면 추임새처럼 한 마디 하는 것도 잊지 않았다.

"오, 이 사장! 담에 한 번 따로 보자고."

하지만 그들이 철수를 따로 찾는 일은 많지 않았다. 첫 번째 이유는 철수를 따로 만나 할 말이 없다는 것이었다. 아무리 술을 좋아하는 사람이라도 만나서 술 얘기만 할 수는 없다. 그런데 철수는 술 말고는 할 줄 아는 얘기가 없었다.

철수는 주목받고 싶어서 자기가 알고 있는 술 얘기를 총동원해보지만, 마주 앉은 상대는 일 분이 지나면 지루해지기 시작했다.

같이 앉아 있어도 대화에 낄 수도 없고 자리를 박차고 나올 용기도 없는 철수는 혼자 마시고 혼자 취했다. 취한 철수 곁에 남아 성가신 일에 휘말리기 싫은 친구들은 서둘러 자리를 떴다. 자리를 뜨면서 꼭 한 마디씩 했다.

"이 사장! 내가 일이 있어서 말이야. 적당히 마셔."

"이 사장! 또 보자고."

맥주집이나 음식점에서 전화가 자주 왔다.

"신랑이 취한 것 같은데, 우리도 장사해야지."

전화를 받고 그 장소에 가보면 최가 있었다. 이상하게 고분고분해진 철수를 앞세운 최가 영희를 기다리고 있었다.

철수와 동창이라는 사람에게서 전화가 왔었다.
"좀 와 주셨으면 싶은데요."
'무슨 일이 있구나.'
그러겠다고 했다. 전화를 끊으려는데 다급한 목소리가 들려왔다.
"잠깐, 잠깐만요. 오실 때 갈아입을 윗도리 하나 챙겨오셨으면 좋겠는데요."
확실히 무슨 일이 생겼구나.
서둘러 옷을 챙겨 설명 들은 장소로 달려갔다.
저만치 식당 앞에 많은 수의 사람들이 서성이고 있었고 그 전면 앞쪽에 작은 키에 오동통한 철수가 고개를 수그리고 서 있었다.
'왜 저러고 서 있대?'
눈을 조금 돌리자 키가 훌쩍 크고 허우대가 굵은 남자가 남편을 마주보고 서서 연신 손가락질을 하며 소리를 질러대고 있었다.
'뭐야? 저거. 흡사 선생님이 학생을 붙잡아 혼내는 모양새네. 무슨 큰 잘못을 저질렀기에 동창회에 나와서 저 꼴

을 당하나?'

 달음박질을 치는데 가까이 다가가자 상대의 얼굴이 보이고 목소리가 들렸다.

 "야! 내가 너랑 놀아주니까 니 친구로 보이냐? 내가 니 친구로 보여?"

 가슴이 철커덕 내려앉는 것 같았다.

 '내가 니 친구로 보이냐? 친구가 아니면 뭔데?'

 주변을 둘러보니 서성이는 친구들 전부 고개를 돌린 채 못 들은 척하고 있었다. 드잡이라도 당했는지 아침에 차려입고 나온 철수의 소매가 찢어져 있었다.

 "철수가 술을 좀 많이 마셨어요."

 전화를 걸었던 듯싶은 남자가 다가와 말했다.

 '너희들이 노는데 친구도 아닌 철수가 끼어들어 혼자 술 쳐먹고 혼자 뒹굴다가 혼자 저 꼬락서니가 됐다는 거구나. 철수가 저 혼자 저 지경이 될 때까지 너희 모두는 그냥 구경만 하고 있었다는 거구나.'

 얼굴이 화끈거리고 분이 복받쳤다. 이 인간 같지도 않은 것들. 니들이 잘났으면 얼마나 잘났는데. 손톱을 추켜세우고 달려들려 하는데 소리가 들려왔다.

 "형!"

 높낮이 없이 조용한 목소리. 최였다.

9. 태교

매일 아침 뱃속의 아이를 향해 주문을 걸었다.

너 자신 외에 아무도 믿지 마.
세상은 네가 생각하는 것처럼 안전하지가 않아.
네 아빠는 좋은 본을 보일 수 없을지도 몰라.
심지어는 너를 지켜내는 것조차 힘들어 할지도 몰라.
나 역시 완벽한 네 편이 되어 줄 수 없을지도 몰라.
그러니 너는 강해져야 해. 튼튼해야 해.
믿고 의지할 사람이 없으니 너 스스로 강하고 튼튼해야

만 해.

  동창회에서 본 동창생들의 말과 태도는 철수에게 큰 충격을 주었다.
  축구공처럼 통통 튀어 오르던 발랄함은 이미 사라지고 없었다. 집달팽이처럼 느릿느릿 기어서 형들에게 당한 매질과 학대의 그늘 속으로 숨어들고 있었다.

  "자율방범 안 나가? 당번이라며?"
  "안 나가."
  "왜?"
  "피곤해."

  "의용소방대 모임 있는 날 아냐?"
  "안 가."
  "왜?"
  "귀찮아."

  "라이온스 클럽…."
  "시끄러."
  "안 가."

"왜?"
"안 간다고."

"동창…. 알았어."

"친목회. 아프다고 말했어. 몸이 아파서 못 나갈 것 같다고."

그렇게 좋아했었는데. 끼고 싶어 했는데.
놀아본 적이 없는 철수는 놀 줄을 몰랐다.
배려받아본 적이 없는 철수는 배려할 줄 몰랐으며, 자신의 얘기를 끝까지 말해 본 적이 없는 철수는 남의 말을 끝까지 들을 줄 몰랐다. 그리고 그에게 다가왔던 사람들은 그런 철수를 감당하기 힘들어 했다.
사회성이 훈련되지 않은 사회인.
철수는 분명 엄마의 아들이었지만 엄마와 다른 사람이었다.

아내가 임신을 하고 방앗간을 열어 자립의 길을 열면서 술이 취하면 좀비처럼 살아나던 철수의 폭력은 사라지는 듯 보였다. 그 사이 시간이 흘렀고 철수는 친구들과의 만

남에서 마음의 상처를 입었다. 그들이 형들처럼 몽둥이를 휘두르진 않았지만 철수가 그들에게서 입은 상처는 깊었고 아픔은 컸다.

영희의 배는 점점 더 불러오고 해산달이 다가오는데 친구들과 어울리는 일에 실패한 철수에게서는 숨어서 홀짝거리던 예전의 음주습관이 되살아났다.

아무도 눈치채지 못하는 사이 은밀하게 취한 철수의 눈이 먹잇감을 발견한 짐승의 그것처럼 번득이는 빛을 발했다.

아무도 모르게 다가오는 위협.

아무도 모르게 가해지는 폭력.

저항할 힘이 없는 피해자.

보호받지 못하면 사라지고 말 생명.

영희는 그 어느 때보다 큰 위험에 노출되어 있었다.

"야! 내가 너랑 놀아주니까 네 친구로 보이냐?"

철수가 영희를 향해 물었다. 영희. 순간적인 위기감에 두 손으로 아랫배를 감쌌다.

"왜? 말이 말 같지 않냐? '너랑 살아주니까 니 마누라로 보이냐?' 묻고 싶냐?"

철수가 술을 마셨는지, 안 마셨는지. 마셨다면 얼마나 마셨는지는 중요하지 않았다. 중요한 건 자신의 뱃속에 자신을 믿고 들어앉은 생명이 있다는 것이었다. 그 생명이 겁에 질려 콩닥거리고 있다는 것이다. 술에 취한 철수가 전처럼 발길질을 하고 그 발길에 아랫배를 가격당하기라도 한다면, 뱃속 생명을 지켜낼 방법이 없다는 것이었다.

"너, 나 같은 놈 마누라 하기 창피하지? 친구 하기도 창피하다는데 마누라 하긴 더 창피할 거 아냐? 안 그래?"

무슨 말을 해도 괜찮다. 그 어떤 독한 말도 다 괜찮다. 말로 아이를 죽이진 못하니까. 말이 아이를 찢어발기진 못할 테니까.

방앗간 손님은 끊겼고, 저문 거리의 인적도 뜸하다. 지나가는 누군가의 도움을 청하려 해도 입구까지의 거리가 해산을 앞둔 임산부가 달려 도망을 치기엔 너무나 멀다.

"야! 대답해. 대답해 보라고. 창피해? 창피하냐고?"

창피하다고 해도, 창피하지 않다고 해도 남편은 멈추지 않을 것이다. 어떤 답변도 남편 철수의 분노를 잠재우진 못한다. 뱃속의 생명과 지신을 지키는 오직 하나의 길은 이곳을 벗어나는 것뿐이다. 그런데 벗어날 길은 없다. 가능성도 없다.

'아가! 미안해.'

아랫배를 감싼 두 손에 힘을 주며 눈을 감는다.

성자가 옳았다.

철수는 노예다.

평온도 평화도 다스릴 힘이 없는 노예다.

형들의 폭력만이 폭력이겠는가.

언제 어떤 형태로 들이닥칠지 알 수 없는 모든 폭력의 노예다.

형들이 폭력을 쉬는 동안 누리는 철수의 일시적인 평온은 평화가 아니다.

철수의 눈 속에서 아버지를 본 것은 착시였다.

성자가 옳았다.

여기 남아 철수를 탈출시키겠다는 건 오만이었다.

노예의 무서움을 과소평가한 영희 자신의 교만이었다.

눈을 감고 기다렸다.

기다리면서 생각했다.

'이 순간이 지나 이곳을 벗어날 수 있다면, 이곳을 벗어나 다시 한번 선택의 기회가 주어진다면 두 번 다시는 돌아오지 않으리라.'

마음을 다졌다. 그러나 그런 일은 일어나지 않을 것이다. 조용히 눈을 감고 세기 시작했다.

하나, 둘, 셋….

하나.

일어선다.

둘.

걸음을 옮긴다.

셋.

주먹을 쥔다.

넷….

똑! 똑! 똑!

조용한 노크소리가 들렸다.

실눈을 뜨고 출입문 쪽을 바라보며 생각했다.

'지금 손님이 찾아온 게 맞다면, 철수가 그 손님을 응대하러 나간다면 나는 일어나 이곳을 벗어날 수 있을까?'

철수가 출입문 쪽을 향해 걸어 나가고 있었다.

"누구세요?"

철수의 조심스런 목소리가 들렸다.

"형!"

최였다.

"형! 지나다가 불이 켜져 있길래."

10. 웃지 않는 아이

 영희는 그곳을 벗어났지만 다시는 돌아가지 않겠다던 마음속 다짐을 지키지는 못했다. 놀란 탓인지 출산일을 열흘이나 앞당겨 그날 밤 아이가 태어나버렸기 때문이었다.

 딸이었다.

 철수를 닮아 크고 동그란 눈에 야무진 입매가 영희를 닮은 아이였다.

 모든 게 정상적인 아이였다.

 손가락, 발가락 수도 정상이었고, 먹을 때가 되면 먹고, 잘 때는 잤으며 쌀 때가 되면 쌌다. 똥 색깔은 황금색이었고, 사람이 다가가면 소리 나는 쪽으로 고개를 돌렸고, 눈앞의 움직임을 따라 눈동자를 움직이는 것까지도 정상이었다. 울음소리도 우렁찼다. 모든 것이 정상인 아이에게 비정상적인 특징이 하나 나타났는데, 그것은 아이가 도통 웃지를 않는다는 것이었다.

웃지 않는 아이.

아무도 눈치 채지 못한 엄마 영희만 아는 비밀이었다.

아이가 태어나 아장아장 걸을 때까지. 옹알이를 끝내고 말문이 트이기 시작할 때까지. 사람들은 아이가 웃지 않는다는 걸 아무도 눈치 채지 못했다. 태어난 아이가 웃지를 않는데도 세상은 여전히 꽃을 피우고 비를 내리고 햇볕을 쏟아냈다.

밥을 먹던 철수가 무엇에 마음이 상했는지 접시를 들어 내던졌다. 내던져진 접시는 바닥으로 내던져지면서 '딱' 소리와 함께 조각조각 깨져 버렸다.

아이가 뒤뚱뒤뚱 걸어가 깨진 접시조각을 집어 들며 울기 시작했다.

"하지 마. 손 다쳐."

영희가 소리를 지르며 다가갔고, 철수는 예상치 않았던

아이의 반응에 커다란 눈을 껌뻑거리며 아이를 지켜보고 있었다. 아이는 작은 손가락으로 깨어진 접시조각을 한 곳에 모으고 있었다. 다가간 영희가 아이의 손을 막았다.

"안 돼. 무슨 짓이야? 다쳐."

아이가 대답했다.

"접시가 다쳤잖아."

"뭐?"

"아빠 때문에 접시가 다쳤잖아."

깨진 접시조각을 손에 든 아이가 큰소리로 울부짖었다.

"진아야! 접시가 깨져서 속상해?"

영희가 다시 물었다.

"아빠 때문에 다쳤잖아. 접시가 다쳤잖아."

깨진 접시조각을 빼앗으려니 아이 손을 다치게 할 것 같고, 두고 보자니 아이의 울음이 심상치가 않았다.

"진아야. 엄마가 접시 더 이쁜 걸로 사줄게."

"다쳤잖아. 다쳤잖아. 접시가 다쳤잖아. 아빠 때문에 다쳤잖아."

울음을 멈추지 않는 진아를 지켜보던 철수가 다가가 물었다.

"어떻게 해 주면 울음 그칠래?"

"접시 호 해줘."

"접시를 호 해?"
"접시가 다쳤잖아. 다쳤잖아. 아빠가 다치게 했잖아."

결국 철수가 스카치테이프로 깨진 접시조각을 모아 붙였다. 하나하나 모아 붙였다.
철수가 스카치테이프로 붙인 접시를 내밀자 접시를 받아든 진아가 웃었다.
처음으로 꺄르륵.
"어! 웃었네. 우리 진아가 웃었어. 진아가 웃었어."
"웃는 게 뭐 어때서? 진아 웃는 거 첨 봐?"
"첨이야. 당신 몰랐어? 우리 진아 웃는 거 첨이라고."

영희 딸 진아는 철수가 뭔가를 내던지고 깨부술 때마다 울었다.
화분을 던지면 화분이 아플 것이라고 울었고, 꽃이 슬플 것이라고 울었다. 상을 엎으면 상도 아프고 그릇도 아프고 반찬이랑 밥이랑 국이랑 슬플 것이라며 울었다.
그것들은 안 아프다고. 그것들은 슬픈 게 뭔지 모른다고 철수가 소리치자 진아가 철수에게 물었다.
"아빠는 맞아도 안 아파?"
철수가 머뭇머뭇 대답을 못하자 진아가 다시 물었다.

"안 아파? 안 아파?"

"맞으면 아프지."

"그런데 왜 때려? 꽃도 아프고, 접시도 아프고, 엄마도 아프고, 진아도 아프게 왜 때려?"

"넌 안 때렸잖아? 넌 안 때렸는데 왜 아파?"

"안 맞아도 아파. 아빠 때문에 아파."

'태교가 잘못됐나. 강하고 튼튼하라고 주문을 걸었는데 툭하면 울어재끼는 울보라니.'

영희의 딸은 그렇게 태어나 그렇게 울며불며 자랐다.

손에 잡히는 건 뭐든 부수고 던지는 아빠를 쫓아다니며 "아파. 때리지 마. 아빠 때리지 마"를 외치며 자랐다.

열 살이 되자 태교의 힘이 발휘되었다.

아이는 더 이상 울지 않았다. 울음을 그친 아이는 손에 검을 잡았다.

"고착화된 악습은 저항한다고 고쳐지는 게 아니래. 깨부수는 거래."

"누가?"

"송이언니가."

"쬐꼬만 게 뭘 안다고 별소리를 다해. 그 애 이상하네."

"안 이상해."

"송이 말이 옳다고 해도 그래. 그걸 왜 니가 해? 니가 왜 어른인 엄마를 지키겠다고 난리야?"

"소중한 걸 지키는 건 어른이 아니래. 어른이 아니라 힘 있는 사람이 지키는 거래. 그래서 힘을 길러야 한대. 소중한 것을 지키기 위해서. 언니랑 나는 장래 희망도 이미 정했어."

"뭘로?"

"나는 검사. 언니는 검도 국제 심판."

"그니까 너는 칼 들고 싸우는 검사 하고 송이는 심판한다고?"

"칼을 무기로 쓰는 검사가 아니라 잡도리하고 단속하는 검사가 되래. 엉터리 어른들한테는 칼보다 단속이 필요하대."

"송이가? 근데 저는 왜 심판이래?"

"언니는 검이 좋대. 그런데 칼 들고 싸우는 건 너무 힘들대. 그래서 검 들고 싸우는 사람들이 제대로 법을 지키는지 가려내는 일을 할 거래."

"성자야. 너 어떡할 거야? 니 딸이 내 딸 망치고 있어. 헛바람만 잔뜩 들어서."

"안 망쳐. 그리고 그거 내 딸 탓 아냐. 너나나나 태교를 너무 쎄게 한 거야. 그래서 쎈 년들이 튀어나온 거야. 이기려고 하지 마. 그년들 안 꺾여."

"안 돼. 아빠! 엄마 아프게 하지 마."

"멈추세요. 우리 아빠 아프게 하지 마세요."

영희가 철수에게 말했다.
"당신, 내 딸 더는 울게 하지 마. 지금 당장 멈추지 않으면 나, 당신 부숴버릴 거야."

검을 들고 막아서는 진아가 무서워 철수 형들이 폭력을 멈췄다고는 생각지 않는다.
유난히 폭력에 민감한 진아로 인해 철수는 폭력을 멈췄다.
형들 또한 자신들을 성가시게 하지 않을 뿐더러 저 알아사는 동생을 일부러 찾아와 때리지는 않았다. 폭력으로 얼룩진 그들의 삶에 휴식기가 찾아온 것이다.
아버지의 원통한 죽음도 세월이 흐르니 희미한 그림자가 되었고, 늘 부재중이어서 불안했던 엄마도 세상을 뜬 후였으니 악을 쓰며 발광할 일은 다시없을 듯 보였다.

폭력이 그렇게 사라지는구나.
다시는 폭력 때문에 아파할 사람은 없겠구나.
철수는 머잖아 형들의 사과를 받아낼 수 있겠구나. 기대도 했다.
"미안하다. 아프게 때린 거 미안하다. 모지란 놈 취급한 거 정말 미안하다."
사과받게 될 줄 알았다.

2부

하늘이 마르고

1. 마른 하늘 아래서

"흙먼지가 난다. 하늘이 말랐어. 비가 한 방울도 들어 있질 않아."
"영희야."
"나, 말라 죽을 것 같아. 틀어지고 꼬이다가 말라 죽을 것 같아."

영희의 전화를 받은 성자가 한달음에 달려와 주었다.
"넌 나 놀래키는 게 취미니? 난데없이 떡방앗간을 한다고 해서 사람 기절을 시키더니. 다 늙어 웬 쌀국수집이야?"

"성자야. 나 철수랑 더 이상 같이 일하다간 미쳐버릴 것 같아. 그렇다고 다 늙어 이혼을 할 수도 없고."

"그냥 방앗간 접고 놀면 안 돼? 요즘 아무것도 안 하는 게 버는 거라고들 하던데."

"누구랑 놀아? 그마나 일을 하는데도 숨이 막히는데 철수하고 하루 종일 마주보고 앉아서 뭐하고 놀아?"

"그렇게 힘들어?"

"숨을 못 쉬겠어. 밖으로 나가는 것도 안 돼. 사람을 만나는 것도 안 돼. 다 안 된대. 그냥 방앗간에 갇혀서 일이나 하래. 나를 안 된다고 막을 거면 저라도 해야 할 것 아냐. 자율방범대원으로 등록해 놓고 활동 안 하기, 의용소방대원으로 등록해 놓고 활동 안 하기, 라이온스클럽 회원가입 해놓고 참석 안 하기, 동창회 안 나가기, 새마을지도자 모임 안 나가기, 동네모임에 안 나가기, 친목회 안 나가기…. 안 한대. 다 안 한대. 전화 못 받는다, 주문도 못 받는다, 술 취해서 배달도 못한다, 밥 못 찾아 먹는다, 옷 못 찾아 입는다, 양말 못 찾아 신는다. 내비게이션 못 찍어, 문자 못 찾아…. 자긴 못하니까 다 알아서 하래. 알아서 하래 놓고 알아서 하려 하면 안 된다고 막아. 나 정말 너무 힘들어."

"사회성이 그렇게 없으니 영업에도 지장이 많겠다."

"날마다 축소당하고, 삭제당하고, 잠식당하는 느낌. 넌 모를 거야."

"일 욕심은 많은 년이 속 아프겠다."

"나는 하루도 내 영역을 빼앗기지 않은 날이 없었다."

"상권이 죽어서 힘들지?"

"어느 날 상가 앞의 주차장이 사라지더라. 주차장법이 시행되기 전 지어져 차선 하나를 주차장으로 쓰던 상가의 날개가 꺾인 거지. 주차장이 사라지자 상권이 빠른 속도로 옮겨가더라. 한때 우리 떡집은 이 지역 모든 인구가 드나드는 길목이었어. 이 지역 모든 인구가 떡집 앞을 지나 출근을 하고, 떡집 앞을 지나 퇴근을 했었지. 아파트들이 들어서고 곳곳에 정류장들이 만들어졌어. 이제는 우리 떡집 앞을 지나지 않고도 이 지역 어디든 갈 수 있게 되었어. 거기다 아파트 앞 상가에 떡집들이 들어섰지. 눈앞에 떡집을 두고 구태여 멀리 우리 집까지 내려올 필요가 없게 된 거야. 떡집이 하나 생길 때마다 이탈하는 손님들도 늘어갔어. 손발이 잘려나가는 느낌이었지."

독점을 하겠다고 생각한 건 아니지만 남편 철수의 '안해, 못 해, 안 돼'가 아니었으면 상당 부분 지킬 수 있던 시장이었고, 고객들이었다.

나오라고 할 때 나가만 줬어도.

걸려오는 전화를 받기만 했어도.

그 와중에 농협에서 떡, 기름, 고춧가루 가공공장 설립 계획을 발표했다.

농협이 떡 공장, 기름 공장, 고춧가루 공장을 가동 운영하면 일자리가 창출된다.

일자리.

사람들은 일자리에 열광한다. 환호한다.

하지만 동네 떡집 몇 개가 사라져 만들어진 일자리인가는 아무도 궁금해 하지도, 고민하지도 않을 것이다.

지역 농산물 전량매수라는 명분과 공약은 또 얼마나 매력적인가?

시대의 변화라는 명분을 등에 업고 거침없이 동네 골목상권을 향해 진격해 들어오는 거대기업 농협.

그렇게 파쇄되고 분해되어 얼마나 많은 작고 아름다운 것들이 사라지고 있는가.

작지만 아름다운 것들.

'내 떡집이 고사되고 나면 봉제공장 생산책임자라는 화려한 경력 소지자인 나는 떡 공장의 관리자로 발탁 스카우트되나? 글쎄. 내가 입사를 희망해도 자동화 시스템이니, 나이가 있으시니 등등의 이유로 기피하지 않을까. 운 좋아 잘하면 파트타임 노동자 정도.'

"농협과 경쟁할 생각을 하니 겁나는구나?"

"영역이 줄어들고, 손님이 줄어들고, 마치 말라버린 몸뚱이가 부서져 날아가 버리는 느낌이야."

"그렇다고 쌀국수는 너무 멀리 가는 거 아니냐? 진아 아빠는 그러래?"

"최하고라면 해보라더라."

"최? 그 사람 주방장이야?"

"아니. 지역아동센터에서 애들 가르치는 강사래."

"애들 가르치는 사람이 하겠대?"

"몰라. 요즘 뭐 예산이 깎여서 수업이 없어졌다나 뭐라나."

"그래서 그 사람이랑 해본다고?"

"누가 아니? 그가 사막의 오아시스일지. 누구하고 뭔 짓이라도 하지 않으면 나 못 살아. 하루 종일 텔레비전 앞에 앉아 있다. 쌀을 씻어 밥통에 넣고 그 밥이 끓다가 뜸이 들어 상에 오를 때까지도. 물건을 정리하고 청소기를 돌리고 걸레질을 끝낼 때까지도. 세탁기를 돌리고 건조대에 널고 그 빨래가 말라서 옷장에 넣을 때까지도. 바닥을 쓸고 물걸레로 닦고, 기계를 다 닦을 때까지도. 손가락 하나 까딱하지 않고 텔레비전만 바라보고 앉아 있다. 박제처럼. 너라면 견뎌내겠니? 그것뿐이면 말을 안 해."

"김."

"없는데."

"김 값이 올랐냐? 비싸서 못 먹어?"

"알았어. 얼른 사올게."

"됐어. 이제 가서 언제 사와."

"점심 먹어. 김 사왔어."

"라면 끓여줘."

"라면? 밥 펐는데?"

"라면이 먹고 싶다는데 무슨 잔소리가 그렇게 많아?"

"앞접시."

"이거 말고 익은 김치."

"물."

"이 바지 말고."

"이거?"

"그거 말고."

"이거?"

"그거 버려. 찢어버리기 전에."

"골라 입어. 여기서 골라 입으라고."

"됐어. 아무거나 줘."

"양말. 이거 말고."

"왜?"

"목이 조여."

"이건?"

"흘러내려."

"이거?"

"목이 짧아."

"그럼 이거?"

"흰색은 안 신는다고 했잖아."

"그럼?"

"어떻게 집구석에 맘에 드는 양말 한 켤레가 없냐? 됐어. 아무거나 줘."

"밥 줘."

"뷔페 집에 갔었잖아?"

"챙겨주는 사람도 없고. 숟가락도 안 보이고."

"안 먹어."

"왜?"

"먹기 싫다잖아. 에이."

밥상이 날아가고, 반찬들이 하늘을 날다가 바닥으로 떨어지고, 엎어진 그릇에서 흘러나온 국물이 바닥에 흥건했다.

엎어지고,

깨지고,

흘러내리고.

"사사건건 시비에 끼니마다 잔소리다. 마른하늘에선 태양이 이글거리고 가슴 속에선 불이 나서 타오르고. 내 영혼 먼지가 되어 날마다 조금씩 휘발되는 것 같다."

"충격이 컸으니까."

"야! 성자야. 사랑이었다고 치자. 갑자기 사랑하는 형을 잃어 큰 충격을 받았다고 치자. 그걸로 끝이냐? 슬프고 아프겠지. 그렇지만 그걸로 삶이 종결이 돼? 죽은 사람은 죽었지만 산 사람은 살아야 할 거 아냐? 산다는 게 뭐냐? 또다시 사랑도 시작하고, 이것저것 돌아도 보고, 관심도 가져보고. 그러다 보면 '전부일 것만 같던 아픔이나 슬픔도 그저 한 조각에 불과하구나. 그런 거구나.' 그러는 거 아니냐?"

"형제잖니? 부모형제라는 건 만지거나 더듬어서 생긴 흔적이 아니라 그냥 자체야. 태어난 때부터 뼈에 새기고 피에 섞여 나온다고. 뼈마디가 뒤틀려 어그럭거리고 피가 요동을 치는데 무슨 수로 '그게 그런 거구나' 하고 넘어가니?"

"그렇다고 더 깊이 숨고, 무조건 기피하고, 잠시만 눈에 안 보여도 불안해 절절매고…. 점점 더 저밖에 모르고. 그 아픔 속에 스스로를 가둬 놓고 떼를 쓰면 나는 어쩌라고? '나 슬퍼. 그러니 아무것도 하지 말고 나만 바라봐 줘. 아무것도 시키지 말고 다 해줘' 미치겠다고. 정말 미쳐 버릴 것 같다고."

"치료를 좀 더 받는 건 생각해 봤어?"

"의사가 할 수 있는 일은 다 했다고 하더라. 본인 노력 여부에 따라 얼마든지 정상적으로 즐겁게 살 수 있다고. 근데 이 인간은 생각이나 행동 패턴을 아예 정해 놓고 바꿀 생각을 안 해. 생각을 고정해서 박제했다니까. 변화는 고사하고 일체의 움직임을 거부해."

"일은 한다며?"

"마지못해, 겨우겨우. 신명 없는 사람을 가까이서 보는 게 얼마나 힘든 건지 너 아니? 일부러 그러는 것 같다는 생각도 들어. 나 괴롭히려고."

"너를 괴롭혀서 무슨 소득이 있다고?"

"그게 참 웃기더라. 분명 절 때린 건 제 형이라고 했거든. 형들 장가가기 전부터 무지하게 맞고 컸대. 그런데 그 기억이 바뀌어 버렸다."

"기억이 바뀌었다고?"

"그래, 우리 형은 절대 그럴 사람이 아니었다고. 모든 일은 다 형제를 이간질하려는 형수들의 모략이었다고 기억하는 거야. 그러니까 자기네 착한 오남매는 밖에서 들어온 나쁜 여자들 때문에 전에 없던 고통을 겪고 있다고 생각한다니까."

"너 괜찮겠니? 네가 안 보이면 불안해한다며?"

"그의 불안은 보호받아야 하고 내 고통은 무시해도 되니? 성자야. 나 지금 너무 힘들어. 비를 한 방울도 품고 있지 않은 마른하늘 아래 선 듯 숨을 쉬는 것조차 너무 힘들어. 하루에 몇 시간만이라도 그 인간 안 보이는 곳에서 숨 좀 쉬어 보고 싶어. 나, 정말은 저 인간 버리고 싶어. 그런데 사람이 하늘을 버릴 수 있니? 버릴 순 없는데 그 하늘 아래 온종일 있다가는 내가 죽어 버릴 것 같다."

하늘이 마르니 사막이 시작되었다.
사막 위로 하루 종일 먼지비가 내렸다.
모래비가 쏟아져 내렸다.

2. 가장 잔인한 폭력

새벽 다섯시.

독하게도 추운 날이었다.

절기상 입춘을 일주일 앞둔 날이었고, 일주일 전에 설을 지낸 명절 끝이었다.

영희와 철수는 명절 끝 노곤함에 젖어 다소 늦은 기상을 서두르고 있었다.

모처럼의 늦잠이었다.

급하게 방앗간으로 들어선 영희는 곧바로 손을 씻은 뒤 보일러 스위치를 올리고, 쌀을 씻어 건졌고, 남편 철수는 오랜 배변습관을 따라 차고가 있는 건물 모퉁이의 화장실로 갔다.

씻어 건진 쌀을 저울에 올려 소금을 맞춘 다음 롤러에 넣고 빻던 중이던 영희의 귀에 남편 철수의 울부짖는 비명 소리가 들려왔다.

기계 스위치를 내리고 화장실 쪽을 향해 달려 나갔다.

"어떻게 해? 아이고, 어떻게 해? 형이 죽었나 봐. 우리 형 죽었나 봐."

"무슨 일이야?"

겁에 질린 남편이 바깥 차고 쪽을 가리키며 버버거렸다.

"모 모 목을 매 매 매 맸나봐. 목매달아 죽었나 봐."

"누가?"

"큰형이."

"큰형이 왜 여기 와서 목을 매?"

"몰라. 저기…."

겁에 질린 철수가 손가락으로 차고 쪽을 가리켰다.

"서 설마. 설마…. 잘못 본 거 아냐?"

"화장실 문을 여는데 내 차 옆에 형 차가 보이더라고. 형이 열어 놓은 차 문에 기대어 핸드폰을 받는 것처럼 보이더라고. 그래서 물었지. '형. 언제 왔어? 거기서 뭐해?' 근데 대답이 없는 거야. 그래서 '뭐하냐니까?' 그러면서 다가갔지.

근데 가까이 가서 보니까…."

철수는 더 이상 말을 잇지 못했다.

"119, 119."

핸드폰을 꺼내 들고 119를 눌렀다.

"핸드폰은 끊지 마시고 사고 현장 그분께로 가십시오."

"제 제가요?"

"우리가 지금 출동합니다. 생명이 걸린 일이고 촌각을 다투는 일이라서 우리가 도착하기 전 회생가능한 조치가 필요할 수 있습니다."

"제가요? 난 아무것도 할 줄 모르는데요."

"행동요령이나 필요한 조치는 의사 선생님께서 알려드릴 겁니다. 선생님께서는 의사의 지시대로 따르시면 됩니다."

영희. 엄두가 나지 않았다. 나한테 지금 죽었을지도 모르는 사람을…. 아니지. 아직 살아 있을 수도 있다잖아. 핸드폰을 든 채 바들거리고 서 있었다.

"선생님! 선생님!"

차분한 목소리가 핸드폰 저쪽에서 영희를 불렀다.

"힘들고 어려우시다는 거 압니다. 선생님! 지금 그분을 살릴 수 있는 사람은 선생님밖에 없다는 생각을 하시고 힘을 내주십시오."

"내가 어떻게요? 나한테 왜 이래요? 나보고 어떻게 하라고 그래요?"

떨면서 물었다.

"왜 이래요? 나한테 대체 왜 이러냐구요?"

훌쩍훌쩍 울어가면서도 핸드폰을 귀에서 떼지 않았다. 발짝을 옮겼다.

한 발짝, 두 발짝, 또 한 발짝….

왼쪽 가슴에 손바닥을 댔습니다. 귀를 댔습니다.

아무런 소리도 안 들리고 아무런 움직임도 느껴지지 않습니다.

손가락을 코 밑에 댔습니다. 아무런 기운도 느껴지지 않습니다.

혀는 길게 늘어져 있습니다.

수족에서 미지근한 온기가 느껴집니다.

"수고하셨습니다. 선생님께서 더 이상 하실 일은 없는 것 같습니다."

목매 죽은 형의 시신을 발견하게 하다니.

목매 죽은 시아주버니의 시신에 코를 대고 호흡 여부를 알아보게 하다니.

늘어진 혀를 보게 하다니.
미지근한 체온을 확인하게 하다니.

가장 크고 몹쓸 폭력이었다.

"많이 아팠지? 미안하다."
한 마디만 해 주면 다 용서하려고 했는데 죽어 버리다니.
목을 맨 주검을 확인까지 시키다니.

남편 철수는 넋이 나갔다.
그 경황에 여기저기 불려 다녔다. 최초 목격자라는 이름으로.
여기저기 불려 다니며 제 눈으로 본 제 형의 죽음을 진술하는 일을 하고 또 해야 했다.

형이 서 있었습니다. 차 문을 열어 놓고 핸드폰을 하는 것처럼 보였습니다.
'형! 언제 왔어?' 그렇게 물었습니다. 대답이 없었습니다.
'거기서 뭐해?' 다시 물었습니다. 대답이 없었습니다.
못 들었나 싶어서 다가갔습니다.

가까이 가서 보니 형의 목에 굵은 밧줄이 보였습니다.

밧줄을 풀어야겠다는 생각은 하지도 못했습니다. 무서워서 아무것도 생각할 수가 없었습니다.

시간이 조금 지나자 아내에게 알려야겠다는 생각이 났습니다.

나는 형을 죽이지 않았습니다. 죽이고 싶다고 생각한 적은 있지만 죽이진 않았습니다. 나는 정말 형을 죽이지 않았습니다.

정월 악상에 날씨마저 독하게 추웠다.

예순셋.

아까운 나이였다.

이제 겨우 맘 잡고 사람 노릇하나 싶더니 무슨 일이냐고들 했다.

동생이 넷이니 "형 왜 이래?" 하고 덤비는 놈이 있나? 자식이 셋이니 "아빠 싫어요" 하는 놈이 있나? 세상천지 지맘대로 휘젓고 사는 사람이 무슨 농담 같은 짓거리냐고들 했다. '죽인다', '죽는다'를 입에 달고 살더니 겁 주려다가 죽은 거 아니냐고도 했다. 그이는 대체 누굴 겁 줘서 뭘 하려 했던 것일까?

추론 끝 결론은 우울증이었다.

평소 술을 즐겼고, 술 취하면 우울해 보였고, 아버지의 전례가 있었고, 무엇보다 우울증이 아니면 이 엄청난 일을 저지를 만한 다른 이유가 안 보이고.

안 보이는 걸 찾아내려니 힘들고, 찾아낸다고 살아날 리도 없고….

그래서 그의 자살 원인은 우울증.

철수는 제 형의 장례식을 마치는 내내 울지 않았다.

눈가는 눅진하고 눈알은 붉은데 울음소리는 내지 않았다.

말도 없고 어울리지도 않고 끼어들지도 않고 나서지도 않았다.

그냥 맥없이 앉아만 있었다. 멍하니 바라보고만 있었다.

공원묘지 납골당.

옹색하고 어둡고 추웠다.

한 줌 재가 되어 항아리 속에 담긴 주검 앞에서 오열하는 가족들을 보며 영희는 주문을 외웠었다.

아비 된 자들이여, 죽지 말아라.

병들어 죽지도 말고, 전쟁에 나가 죽지도 말고, 사고를 당해 죽지도 말아라.

그 어떤 이유로도 아들이 아비를 보낼 준비를 끝낼 때까지는 죽지 말아라.

더더욱 자살 같은 건 하지 말아라.

자식에게 아비는 일생의 목마름이다.

타는 목마름이다.

누군가의 아비가 어디선가 죽어 가루가 되는 날에는 바람도 불지 말아라.

눈도 내리지 마라. 아비 잃은 자식의 울음이 멈추기까지는.

오십 년 만의 정월 추위라 했다.

골골이 얼음 박힌 골짜기에 불어대는 바람이 차다 못해 시렸다.

시린 골짜기에 묶인 주검을 두고 돌아오는 길.

영희가 말했었다.

"콧물이 줄줄 흐르네."

철수가 말했었다.

"내 가슴엔 눈물이 줄줄 흐른다."

그 가슴에 줄줄 흐르던 그 눈물은 다 어디로 갔을까?

그 눈물은 어디로 가고 철수는 비 한 방울 품지 못한 마른하늘이 되었을까?

철수를 넘어선 폭력이 영희를 가격하고 있었다.
겪어본 것 중 가장 잔인한 폭력이었다.

3. 용서하기 좋은 날

납골당 앞에선 영희가 납골당 주민이 된 철수의 형에게 물었다.

"당신도 힘들었을 것이라 변호해 봅니다. 아프고, 힘들고, 몰라서였을 거라 변호해 봅니다. 맏이들도 힘들고 아프다고. 맏이들도 모르는 게 많다고. 그렇게 변호해 봅니다. 그래도 당신, 조금만 덜 때릴 순 없었나요? 조금만 덜 때려 조금만 덜 아프게 할 순 없었나요? 꼭 한 번, 한 번만이라도 미안하다 말해 줄 순 없었나요? 말해 주고 떠날 순 없었나요?"

공원묘지 납골당 416호.

영희가 서너 걸음 뒤로 물러서 남편 철수를 지켜보다가 옆구리를 툭 쳤다.

"물어봤어?"

철수가 무슨 소리냐는 얼굴로 영희를 바라본다.

"왜 때렸냐고 물어봤어?"

"아니."

"물어봐."

"뭘?"

"물어보라니까. 빨리 물어봐."

"너 미쳤어? 왜 이래?"

"내가 대답해 줄까?"

"뭘?"

"내가 형한테 물어봤거든. 이렇게 착하고 순한 동생을 왜 그렇게 두들겨 팼냐고?"

"후훗. 뭐라대?"

"형도 무서웠대. 무서워서 그랬대. 아버지는 죽고, 동생들은 어리고, 장사 나간 엄마는 안 돌아오고, 동생들을 두들겨 패기라도 하지 않으면 무서워서 살 수가 없었대. 살려고 때렸대."

"근데 왜 죽었대? 그렇게 살려고 기를 썼으면 더 오래 잘 살아야지 왜 죽었대?"

"그래서 미안하대. 용서해 달래."

"용서? 뭘?"

"당신 많이 때린 거. 때려서 아프게 한 거. 그리고 그렇게 죽어 버린 거."

"아! 죽기 전에 말했어야지. 뒈진 다음에 뭔 개소리야? 아하!"

"개소린 거 맞는데. 많이 늦은 것도 맞는데. 그래도 용서해 달래. 용서해 달래."

"무서우면 무섭다고 말을 하지 왜 때려? 왜 나를 때려?"

"무서울 땐 무섭다고 말하는 거라고 가르쳐 주는 사람이 없어서 몰랐대. 원래 그런 건 아버지한테 배워야 하는데 그걸 가르쳐 줄 아버지가 죽어 버려서 그걸 몰랐대. 몰라서 그랬대. 그러니 용서해 달래."

"지 자식들은 누구한테 배우라고 그렇게 뒈져?"

"그것도 많이. 아주 많이 미안하대. 그리고 용서해 달래."

"용서? 용서? 그 주둥아리에서 용서라는 말이 나와? 어떻게? 무슨 염치로 용서를 말해? 용서를 해 달래?"

영희가 철수에게 물었다. 다정한 목소리로.

"그렇게 많이 보고 싶어?"

"그래. 보고 싶다. 한 번만 더 그 개새끼가 때리는 매 좀 맞아봤으면 원이 없겠다."

 납골당에서 나와 주차장으로 내려가는 길에 영희가 물었다.
"살았을 때 물어본 적 있어?"
"뭘?"
"왜 때리냐고."
"물어봤으면 맞아 죽었겠지."
"정말 죽였을까? '내가 뭘 잘못했는데 때리느냐? 내가 잘못한 것도 없는데 왜 때리느냐? 잘못한 게 있어도 때리지 말고 말로 하면 안 되냐?' 물었다면 정말 죽였을까?"
"넌 몰라. 안 맞아 본 사람은 죽었다 깨도 몰라. 얼마나 무서운지 알 수가 없다고."
"그렇게 심하게 맞았어?"
"맞았지. 많이 맞았지. 매일매일 맞았지."
"왜 때렸대?"
"몰라. 모른다고. 왜 내가 맞아야 하는지도 모르고 난 그저 맞기만 했다고."
"매일매일?"
"매일매일. 처음에는 이유가 있었겠지. 그런데 때리다 보니 중독이 돼 버린 것 같더라. 맞는 놈도 때리는 놈도. 매질이 안 끝나면 잠을 못 잤다. 언제 뛰어 들어와 두들겨 팰지 알 수가 없어서. 매를 안 맞으면 오히려 불안해서 잘 수가 없었어."

"그런데 왜 엄마한테 맞았다는 얘기를 안 했어?"

"엄마! 엄마는 매일매일 장사를 나갔는데. 형한테 나를 맡기고. 말했으면 죽었겠지. 맞았다고 고자질을 하는 순간 죽임을 당했겠지. 두들겨 맞아 죽었겠지."

"정말 죽었을까?"

"틀림없이 죽었어."

"때려 죽였을 거라는 거야?"

"어떻게든 죽였겠지. 죽이고도 남았으니까."

"그런데도 보고 싶어?"

"보고 싶다. 맞아 죽더라도 한 번만. 딱 한 번만이라도 봤으면 좋겠다."

죽은 아버지를 부르며 우는 동생을 때린 것이 매질의 시초였다지요?

알 것도 같습니다. 그 심정.

아버지가 죽었는데 눈물도 안 나오고 울 수도 없는 그 심정.

내가 울면 내 동생들이 다 거지가 되고 말 것 같은 두려움.

내가 두 눈 부릅뜨고 지키지 않으면

온 가족 모두가 뿔뿔이 흩어지고 말 것만 같은 공포.

누가 뭐라지 않아도 저절로 온몸이 방패처럼 굳어지고,

무슨 일이 생긴 것도 아닌데 저절로 날이 서 살기처럼 번뜩이던 두려움.

나도 그랬습니다.

몽둥이를 들고 두들겨 팬 적은 없지만,

발로 차거나 손으로 때린 적은 없지만,

다정하거나 부드럽지 못했답니다.

거칠게. 무섭게. 사납게.

내 동생들은 어쩌면 보호라는 이름으로 학대당한 건지도 모르겠습니다.

정서적인 학대.

내가 무섭게 무장하지 않으면 함락당하고 말까 봐 그랬습니다.

내가 사납지 않으면 공중분해 되어 흩어지고 말까 봐 그랬습니다.

나 또한 당신 같은 어린 소녀 가장이었습니다.

집안의 맏이였습니다.

내게 불안하지 않은 날은 없었습니다.

아버지가 살아 있는 동안은

병든 아버지가 죽어 우리 곁을 떠날까 봐 불안했고요.

아버지가 죽은 후에는

가족 모두가 굶어 죽게 될까 봐, 불안했습니다.

아버지가 살아 있던 동안 아프지 않은 날이 없었던 탓에,

내 불안도 공휴일이 없었습니다.

살아남은 가족들이 굶어도 좋은 날이 없었던 탓에,

먹을거리에 대한 불안도 멈출 수가 없었습니다.

봉제공장 생산책임자 시절에는

눈앞에서 생글생글 아양을 떨어대는 A급 미싱사가

마음이 바뀌어 도망쳐 버릴까 봐,

그래서 생산목표량에 차질이 생길까 봐 불안했고요.

갓 출소한 조폭의 칼에 찔려 먹을거리를 책임져야 할

동생들을 두고 죽게 될까 봐 불안했었습니다.

한 번도 내색할 순 없었지만 난 늘 그렇게 불안했었답니다.

당신 집에 시집을 와서도 두렵지 않은 순간은 없었습니다.

새로운 떡집이 문을 열어 단골손님을 빼앗길까 봐 두려

웠고,

    인구 밀집지역을 따라 이동하는 상권이 두려웠습니다.

    전철이 들어서 교통수단이 편리해지자

    이웃 도시로 빠져나가는 손님들의 움직임도 두려웠고요.

    농협이 골목상권을 침범,

    떡 공장, 기름 공장, 고춧가루 공장 사업을 추진 중이라는 소식도 두렵습니다.

    그렇다고 죽음을 생각하진 않습니다.

    오늘같이 좋은 날.

    하늘이 푸르고 햇살이 맑고 바람이 차지 않은 날.

    오늘 같이 좋은 날.

    당신이 살아 있었으면 좋겠습니다.

    당신이 살아서 "장하다. 내 동생"

    남편을 향해 한 말씀만 하실 수 있었으면 좋겠습니다.

    오늘같이 좋은 날.

    용서하기 좋은 날에 말입니다.

4. 오아시스를 섭외하다

남편 철수에게 물었다.
"최하곤 어떤 관계야?"
"그냥 잘 아는 사이야."
"어떻게 잘 아는데?"
"그냥 잘 알아."
"그냥 잘 아는데 나랑 같이 일하게 둬도 돼? 남잔데?"
"최는 남자 아냐."
"남자 아니면 여자야? 그래서 둘이 좋아하는."
"최는 남자가 아니라 사람이야."

"그게 무슨 소리야."

"변함없이 나를 형이라고 부르는 유일한 사람이란 뜻이야."

남씨 어르신이 기름을 짜러 오셨다.

"용안이 훤하신 걸 보니 거기 다녀오셨군요."

영희가 깨가 든 자루를 받아들며 아는 체를 했다.

"이제 자네 관상도 보나?"

"일 년은 날아다니시겠네요."

"천년 묵은 산삼을 먹은들 이보다 더 힘이 날까? 힘이 불끈불끈 솟는다고."

"그렇게 좋으세요? 돈 들어가는 거 아까워서 외식 한 번 안 하신다면서 안 아까우세요? 장학금 많이 내셨어요?"

영희가 받아든 깨를 볶음 솥에 부으며 물었다.

"냈지. 봉투 여러 개로 나누어서 일일이 전해주고 왔지."

"아예 장학회를 만드시지 그러세요. 전설이 되실 텐데."

"이미 나는 전설이라네. 살아 있는 전설. 큰 덩어리를 잘라 이름 낼 생각은 없어. 자손들 큰 사람 되면 그게 다 어디로 가겠나. 그저 내 생전에 나 고생한 거 보고 아는 사람들, 보라고. 나 이만큼 하고 사는 것들 좀 보시라고."

"아하! 그러니까. '봤지? 봤지? 친엄마 얼굴도 모르고 구박대기로 큰 내가 자네 손주들 장학금 주는 거 봤지?' 그런 거구나. 그쵸? 그 사람들 그거 보면서 되게 불편할 거 같은데요."

"왜 불편해? 할애비인 저 못 주는 돈 내가 대신 주는데 왜 불편해?"

"그 사람들 다 옛날 어르신이 매 맞고 책가방 들고 학교 가는 대신 지게 지고 나무하러 가는 거 다 봤을 거 아네요?"

"봤지. 보다마다. 우리 아버지란 양반이 자식을 좀 심하게 때렸어야 말이지. 죽어라 팼거든. 죽어 없어지라고. 너 같은 자식은 차라리 없는 게 낫다면서 죽어라 때렸어. '지게 지고 나뭇짐 져 나른 놈이 저 큰돈을 눈 하나 깜빡 않고 써대는데 책가방 들고 학교 다닌 나는 뭔가' 싶겠지."

"그걸 노리고 해마다 고향 가서 잔치하시는 거죠? 그 사람들 기죽는 거 보려고."

"사람, 착하다 했더니 못쓰겠구먼. 노인네를 놀리려 들고."

"노여우세요? 커피 드시고 노염 푸세요. 그리고 어르신 아버님 얘기 좀 해 주세요. 그 어르신은 도대체 뭐 땜에 큰아들을 그렇게 패셨대요?"

"새어머니가 들어오셨는데 당신이 들어와 낳은 자식이 다섯이야. 넉넉지 않은 살림에 군입 하나라도 줄이고 싶으

4. 오아시스를 섭외하다

셨겠지. 못 견뎌 나가기를 바랐던 겨."

"군입은 아니죠. 엄연한 맏아들을 군입이라고 하면 안 되죠."

"그런데 이 양반. 정작 당신은 나한테 손 한 번 안 댔어. 야단도 안 치고. 오냐오냐 괜찮은 척하다가 아버지가 들어오시면 온갖 고자질을 다 하는 거야. 그럼 아버지는 나한테는 자초지종을 묻지도 않고 두들겨 팼어. 징글징글했지. 오죽하면 꿈 속에서 봐도 고개가 돌아가더라고. 사진을 봐도 진저리가 쳐져."

"친아버지였담서요?"

"의붓아버지라도 인두껍을 쓰고 그렇게는 못 해. 새 양말 한 켤레 못 신어보고, 키가 안 맞아 지게를 끌고 다니면서 나뭇짐, 곡식짐, 짐이란 짐은 다 져 날랐지. 그런데도 학교 가란 말을 안 하더라고. 새어머니가 낳은 동생들은 보내면서 난 안 보내더라고."

"그때 한이 맺혀서 해마다 장학금을 내놓으시는구나."

"학교로 찾아갔지. 양말도 못 신어 꽁꽁 언 맨발로 교장실을 찾아가 '나도 공부 좀 하게 해 달라'고 매달려 통사정을 했지. 그렇게 입학을 해서 겨우 석 달 다녔네. 내가 석 달 학력으로 아들딸 삼 남매 키워 내고 백 억 재산을 일궜네. 철수는 그래도 초등학교 졸업은 했다고 했지?"

"와! 백 억? 지금 제가 백 억 부자 어르신과 마주 앉아 있는 거예요?"

"부동산 시세라는 게 오르락내리락하게 마련인지라 확정된 건 아니네만 현 시세로 어림잡아 그 정도는 된다고 보네."

"워낙 그 정도 되니까 새어머니랑 이복동생들까지 다 챙기시지."

"왜 그런지 잘들 안 되더라고. 나 못하는 공부도 하고, 나 못 받은 부모 재산도 솔찬히들 받았는데 크게 되는 일들이 없더라고."

"염치없어 하죠?"

"염치없으라고 허는 짓인데 염치가 없어야지. 없어야 하고말고."

"싫다는 분은 없어요?"

"이 세상에 돈 줘서 싫다는 놈 있으면 데려와 봐. 이 손가락의 금반지라도 빼줄게. 돈 앞에는 간이고 쓸개고 없어. 돈만 많이 준다면 영혼도 팔겠다고 내놓을 걸."

"잔인하세요. 어르신."

"뭐가? 내가? 내가 뭐가 잔인해?"

"즐기시는 거잖아요. 큰돈 내주실 것도 아니면서 돈이란 미끼에 속아 비굴해지는 사람들을 보면서 속으로 웃고 계신 거잖아요. 근데 사실은 약 오르시죠?"

4. 오아시스를 섭외하다

"약이 오르다니 그건 또 뭔 소리여?"

"진짜는 아버지한테 보여드리고 싶은 거잖아요. '당신이 밤낮 두들겨 패기나 하고 학교도 안 보내준 아들 덕에 얹혀사시는 맛이 어떻습니까?' 따져 물으며 대못을 박아 주고 싶은데 아버지가 너무 일찍 돌아가버리셔서 속상하신 거잖아요."

"그 똑똑한 머리로 철수 단속 잘햐."

"우리 진아아빠가 왜요?"

"철수 그 사람. 최가네 아들하고 잘 지내는 것 같드구만."

"아세요? 그 사람 최를요."

"게을러. 없는 사람들이 몸을 사리면 힘 피기가 힘들어. 가진 것은 없는데 대갈통에 선비가 들어앉아 있어서 사는 게 고단해."

선비가 들어앉아 있어서 그런가.

쉼표 같기도, 마침표 같기도, 물음표 같기도, 따옴표 같기도 한 사람 최.

그 사람을 철수가 소환했다. 영희의 파트너로.

영희가 본 최는 늘 어디론가 가는 중이었다.

가다가 들렀고, 가다가 와봤고, 가다가 소리가 나서 들어

왔다고 했다.

영희가 본 최의 귀에는 늘 이어폰이 꽂혀 있었고 앞을 보며 똑바로 걷고 있었다.

"사람을 둘 거면 최랑 해."
"왜?"
"믿을 수가 있잖아."

지역아동센터에서 프로그램 강사로 봉사를 한다던 최가 며칠째 심란한 얼굴로 오락가락하고 있었다.
"'형' 하고 부를 뿐인데 믿을 수가 있어?"
"형이라고 부르니까 믿을 수가 있는 거지."
형!
형이라고 부르니 믿을 수 있다고 했다.

"수업 갔다 오냐?"
"요즘 수업 안 나가."
"왜?"
"지원이 삭감됐대. 일 년쯤 쉬어 보래."
"일 년 후엔 확실히 돌아가긴 하냐?"
"그거야 알 수 없지."

"왜?"

"내가 결정하는 게 아니니까."

"아직 강의 요청 안 들어왔냐? 여러 군데 다니는 거 같더니."

"같은 걸 오래 했지."

"뭘 강의했는데?"

"여러 가지."

"여러 가지 뭐?"

"역사, 문학, 환경."

"대단하다. 역사, 문학, 환경 그거 다 대단한 거 아니냐? 다 중요한 거 아냐?"

"중요한데 더 중요한 걸, 해야 한대."

"강의 말고 다른 일 안 해 볼래?"

"다른 일 뭐?"

"있어. 할래?"

"해보지 뭐."

철수가 최를 섭외했다.

철수, 당신!

제 집 담장에 장미넝쿨이 뻗다가 늘어져 짓밟힐 지경이 돼도

전지가위 한 번 안 드는 당신.

제 여자 가슴이 녹고 녹아 엎어진 물처럼 번져 흘러 잦아져도

눈길 한 번 안 돌리는 당신.

제 자식들 뒷모습이 조금씩조금씩 멀어지다가 시야 밖으로 사라져 가는데도

울컥 한 번 안아 주는 것조차 안 하는 당신.

당신이 섭외한 죄.

당신 좋아하는 죄랑 내가 잘하면, 자알자알 잘하면

묵은 화롯불처럼 식어가던 내 집, 내 여자, 내 자식을 향한 가슴속 뜨거운 열정

살아나려나. 살아나려나. 살려내 보려나.

5. 나는 서울 사람입니다

최랑 같이 쌀국수집을 하기로 했다고 하자 진아가 말했다.

"엄마! 일은 착한 사람이랑 하는 게 아니고 잘하는 놈이랑 하는 거야."

"잘할 거야. 누구보다도 열심히 할 걸."

철수가 말했다.

"열심히 하는 사람도 말고 친한 사람도 말고 잘하는 놈."

"그래서 그만두라고?"

"하고 싶다면서? 성자 이모 붙들고 죽을 거 같다고 울었다면서? 기왕 하는 거 그 아저씨한테 좋은 일이었으면 좋겠다."

돼지갈비, 삼겹살, 뼈다귀 감자탕, 닭갈비 집, 오리고기 코스요리, 수입육 식당….

고깃집이 많고 고기를 잘 다루는 식당들이 많은 동네다.

몸을 쓰는 노동자들이 많아서인지 고기가 먹혔다.

음식을 팔아 돈을 벌 생각이라면 고깃집을 하는 게 맞았다.

몇 년 전까지만 해도 이쑤시개를 들고 보신탕집을 나서는 사내들로 골목이 미어터지던 동네였고, 지금도 금요일이면 삼겹살 굽는 냄새가 진동하다 못해 하늘을 찌르는 동네다. 여기는.

이 동네에서 식당을 하려면 고깃집을 해야 한다는 걸 모르는 사람은 없었다.

물에 담근 고기건 판에 굽는 고기건 고기를 파는 집에 사람이 모이고 고기를 파는 집들이 살아남았다.

대왕갈비나 초원갈비. 담소나 육당21처럼 그 이름만으로 그 특성과 관록을 짐작하게 하는 고깃집들이 목 좋은 자리마다 대거 포진을 하고 있다.

고깃집은 매력적이지만 초보자가 선불리 넘볼 수 있는

시장이 아니었다.

그래서 찾아낸 게 베트남쌀국수였다.

새로운 문물과 시대에 대한 호기심도 있었다.

라인에 새 작업을 깔 때처럼 가슴이 뛰었다.

참으로 오랜만에 느껴보는 설렘이었다.

'나, 아직 안 죽었다니까.'

"진즉에 그 집 사라니까 말 안 듣더니."

"어차피 서울로 돌아갈 건데 여기다 집은 사서 뭐해?"

"아직도 그 소리야? 삼 년만 살고 돌아가기로 작정하고 내려왔다며? 그 삼 년이 삼십 년이 된 지금도 못 돌아간 서울을, 간다, 간다. 서울 갈 날만 기다리던 남편까지 병들어 죽어 버린 마당에, 다 늙어서 무슨 수로 돌아가냐?"

"내 대에 못 가면 자식들이라도 가야지. 꼭 서울로 돌아가야지."

영희보다 먼저 서울에서 내려온 사람들이 있었다.

이전하는 공장을 따라 내려온 삼천리연탄공장 노동자 가족들과 트럭운전수 가족들이었다. 그들에게는 일관되고 통일되고 확고한 신념이 하나 있었다.

"우리는 딱 삼 년만 살고 돌아갈 겁니다. 우리는 서울에서 왔고 서울로 돌아가 서울에서 살 서울 사람들입니다."

자신들을 서울 사람이라고 분명하게 선을 그은 그들은 자신들이 그어놓은 선을 넘지 않았다. 연탄부가 사라지고 공장은 패쇄되었지만 그들은 여전히 그 선을 넘지 않았다. 그들은 여전히 언젠가는 떠날 서울 사람이고 싶어 한다. 이 땅에 살되 서울이라는 돌아갈 곳이 있는 사람으로 살고 싶어 한다.

떨어져 지낸 세월만큼이나 멀어진 서울 하늘을 바라보며 하루하루 조금씩 늙어가다가 병이 들었지만, 서울 사람이고 싶은 그들의 소망은 변하지 않았다,

더러는 병이 들어 죽고, 더러는 앓아누웠으며, 더러는 다리를 질질 끌지만 그들은 선을 넘지 않는 서울 사람들이다.

"왜 꼭 가야 하는데? 왜 꼭, 내 대에 못 가면 자식 대에라도 가야만 하는 건데?"

"거기에 내가 있었으니까. 여기 사는 나는 내가 아닌 것 같으니까."

"잃어버린 소리를 찾아서가 아니라, 잃어버린 나를 찾아서란 얘기네."

"소중한 걸 빼앗긴 사람은 포기 못 해. 포기가 안 돼."

"빼앗겼다고 생각하는 거야? 서울에서의 당신들을."

"빼앗겼지. 우리가 원한 게 아니잖아. 우리가 택한 게 아니잖아. 우리가 원해서가 아니라 다른 사람이 원해서 와야

했고, 우리가 택한 게 아니고 택함을 받아서 와야만 했어. 그래서 우린 꼭 돌아가야 해. 내게로 돌아가서 나로 살아야만 해."

"그래도 집 사뒀으면 땅 값 올라 서울로 돌아가기가 쉬웠을지도 모르는데."

"땅 값 오르기 기다리다 서울 갈 기회를 놓쳐 버리면 어쩌고?"

"지금 강의 요청이 온다면 거절할 수 있는지 생각해 봤어요?"

"예, 뭐."

"거절하고 쌀국수집 하신다고요?"

"예."

"잘 생각해 보고 대답해요. 정말로 강의 요청이 와도 거절할 수 있을지. 이거 장난 아녜요. 말만 해서 되는 일도 아니고 잘될 거란 보장도 없어요."

"압니다."

"그래도 해 보겠다고요?"

"예."

확인하고 또 확인했었다.

최의 합류가 정해지자 쌀국수집 창업 준비에 가속도가 붙었다.

셋이서 몇 군데 쌀국수집을 찾아다니며 먹어 보고, 살펴보고, 본사에 알아보고.

영희가 원해서 시작한 일이 최를 위해서 포기할 수 없는 일이 되고 말았다.

"어때?"

"괜찮을 거 같아."

"괜찮을 것 같지?"

"응."

"시작하기 전에 다시 한번 물어볼게요. 지금 강의해 달라는 전화가 오거나 사람이 찾아와도 거절하고 이 일 시작해서 해 볼 거예요?"

"예, 뭐."

사람들이 물었다.

"무슨 관계야?"

"친구."

시동생이라고 말하면 시동생이 싫어할까 봐 친구라고 했다.

"사기만 아니면 뭐…."
최가 뜻밖의 말을 했다.
"사기요? 누가? 내가? 본사가?"
"그럴 수도 있다는 거지요 뭐."
'사기라니. 무서운 말을 농담처럼 하네. 웃지도 않고.'

깨끗한, 너무나 깨끗하고 멀쩡한 테이블들을 들어내고, 천장을 뜯어내고, 바닥을 들어냈다. 공정, 공정이 막대한 돈이 들어가는 대공사였다.

모든 공정의 진행 과정에 최를 참여시켰고 투입되는 돈의 액수를 일일이 알렸다.

돈의 출처도 숨기지 않았다.

"해외여행을 가려던 돈이에요."

"보험 담보대출을 받은 거예요."

지나고 보니 쓸데없는 짓거리였으나, 그렇게 할 당시에는 큰돈이 들어가니 긍지를 가져도 좋다는 격려 같은 거였다. 최선을 다해 달라는 압력이기도 했다.

엄중히 생각하고 최선을 다해보자. 내가 할 수 있는 최선을 다해 모든 방법을 총동원해 짜내고 짜낸 고혈이니 허투루 생각지 말자는 나 자신을 향한 다짐이었고 최에게 할 수 있는 최고의 당부였다.

 멀쩡한 전선을 걷어낸 다음 새로운 전기공사를 하고, 뜯어낸 천장에 페인트칠을 하고, 내부 인테리어 공사가 진행되고, 식탁과 의자들이 들어왔다.
 에어컨이 들어오고, 냉장고가 들어오고, 정수기가 설치되고, 인터넷이 설치되고, 새 시대를 대변하는 발권기가 들어오고. 각종 조리기구와 식기들이 들어왔다.

 공정 하나하나. 접시 하나 수저 하나도 다 돈이었다.
 일억짜리 대공사였다.
 일억 원어치 영수증 다발을 보는 최의 표정은 그저 덤덤했다.
 "일억이라는데 겁 안 나요?"
 최에게 물었다.
 '나한테만 살 떨리고 잠 안 오는 액수인 건가.'
 철수가 슬쩍 서운함을 토로했다.
 "땡전 한 푼 안 댄 놈이 몸 달게 뭐 있어?"

 숟가락 젓가락, 회사 로고가 찍힌 냅킨에, 일체의 식자재, 심지어는 쓰레기를 버리는 비닐봉투까지 다 본사에서 내려왔다. 앞뒤로 회사 로고가 찍힌 옷과 앞치마까지 포함해서. 레시피가 수록된 책자와 함께 조리 교육 팀이 내려왔다.

"음식을 조리하는 일은 게임이나 놀이가 아닙니다. 생존이고 현실입니다. 생존이 즐겁기만 합니까? 현실이 아름답기만 한가요?"

조리팀 팀장의 첫 마디였다. 나는 박수를 치고 싶었다.

'역시 탁월한 선택이었어. 암, 그럼 철학이 있어야 하고말고. 일억이 아깝지 않은 선택이었어.'

나는 기뻤는데 최의 얼굴에선 살짝 언짢은 표정이 드러났다.

'주접을 떨고 있네. 짜샤, 누울 자리를 보고 발을 뻗어야지. 조리 교육을 하러 왔으면 음식 만드는 거나 가르칠 것이지, 새파란 애송이가 누구 앞에서 개폼을 잡아? 내가 니 앞에 앉아 있으니 니들 똘마니로 보이냐? 내 스승이라도 된 거 같아?' 딱 그런 얼굴이었다.

이게 뭔가?

괜찮을까? 내 일억. 방정맞게도 일억의 안부가 걱정되기 시작했다.

너무 믿은 거 아냐? 저 사람 최를.

철수가 좋아하는 사람이란 이유만으로.

6. 아슬아슬, 불안불안

"이거 맞는 겁니까? 영어로는 월남 선상. 한글로는 월남 선생?"

계량법을 설명하는 강사에게 앞 유리에 썬팅 된 영문 표기를 문제 삼고 나왔다.

"실장님."

조리팀장이 살짝 얼굴을 붉히면서 최를 불렀다.

"그렇지 않습니까? 전면유리 썬팅은 가게 얼굴이나 마찬가진데 철자법도 제대로 못 맞추는 허술한 집 음식 맛은 믿어질까요? 들어오고는 싶을까요?"

"실장님."

팀장이 다시 한번 최를 불렀다.

"내 얘기는 레시피도 철자법처럼 엉터리일 수도 있지 않냐 뭐 그런 겁니다."

'이 사람 최. 지금 뭐하자는 거지?' 불안에 의구심까지 일기 시작했다.

"실장님, 설명 들으신 대로 프라이팬 잡는 것부터 한번 해 보시겠습니까?"

팀장이 들고 있던 프라이팬을 앞으로 내밀었다.

"아니, 내 말은 지금 이 레시피에 조리법이 확실한 거냐구요?"

"확실합니다. 저희는 메뉴 개발부터 조리 교육 일체는 물론 매장 관리까지를 책임지는 사람들입니다. 실장님께서는 지금 정해진 시간 안에 가능한 한 전 메뉴의 레시피 일체를 습득하셔서 자기화하는 노력을 해주셔야 합니다."

"나는…."

"우리가 돌아가는 순간부터 주방에서 일어나는 모든 일은 실장님께서 책임을 지셔야 되는 거란 말입니다."

"교육에 집중해줘요."

내가 한 마디 거들자 최는 순순히 고개를 끄떡였다.

"자! 다시 시작합니다. 실장님! 제 손을 봐 주시겠습니까?"

"저분 이 일 하실 분 맞습니까?"
최가 자리를 비운 사이 조리 팀장이 영희에게 물었다.
"네."
"확실히 저분이 주방을 맡으실 거란 말씀이신 거죠?"
"처음이라서…"
"누구나 처음이 있죠. 하지만 처음부터 이러시는 분은 흔치 않죠."
"다른 사람들은 어떻게 하나요? 대부분."
"제가 가르칠 때까지 기다리지도 않습니다. 첫날 레시피 나눠 주고 이튿날 보면 글씨가 안 보여요. 새까만 볼펜 자국만 보인다고요. 밤새도록 밑줄을 그어가며 읽어서 아침이면 레시피를 줄줄 외운다고요. 저희가 온 지 사흘입니다. 저분에게 물어 보세요. 레시피 하나라도 외우고 있는 거 있는지. 저희들 공짜로 봉사하는 사람들 아닙니다. 우리들 강사료 사장님 창업 비용에 다 포함된 겁니다. 우리가 도망을 다녀도 쫓아다니며 물어야 할 분이 저러고 있는데 사장님 걱정 안 되십니까?"

'걱정이 되기 시작했다고. 벌써부터 불안했다고. 말했으면 뭔가 달라졌을까?'

"좋은 분이세요."

"사장님은 좋은 사람이 필요하십니까? 제 생각엔 의지를 가지고 집중하실 분이 있어야 할 것 같은데요."

"처음이라서 적응할 시간이 좀 필요한 걸 거예요."

"손님들께도 그렇게 설명하실 겁니까? 처음이라서 그러니 기다리시라고."

"그렇다고 무슨 수 있어요?"

"사장님! 심사숙고하시기 바랍니다."

기본교육이 끝나고 본사에서 파견 나왔던 조리교육 팀이 돌아갈 시간이 되었다.

"추가로 연장교육 해주세요."

"저분 저런 태도로는 조리교육 백 날을 해 봐야 마찬가집니다. 달라질 게 없어요."

"해주십시오."

"규정상 기본교육을 끝낸 상태라서 우리 맘대로 정할 수 있는 것도 아닙니다. 교육 스케줄도 살펴봐야 하고 교육비도 추가됩니다."

"추가비용 내겠습니다."

"본사에 요청드려 보겠습니다."

일주일 강사료를 추가로 물고 가까스로 강습을 마

쳤다.

돌아가는 길에 배웅을 위해 따라나선 영희에게 팀장이 말했다.
"사장님, 돌아가는 제 마음이 무겁습니다. 이게 무슨 뜻인지 아십니까? 차라리 사장님께서 프라이팬을 잡으실 작정이라면 제가 마음이 좀 가볍겠습니다."

"할 수 있어요?"
강사들이 돌아간 후 영희가 최에게 물었다.
"레시피 보면 다 하실 수 있대요. 그 사람들이 무슨 큰 기술이라고 자꾸만 가르치려 드는 게 싫어서 일부러 그랬대요."
최 대신 박이 대답했다.
"큰 기술 맞는데, 그 사람들. 그 분야의 전문가들이고 이 메뉴 개발자들인데."
"암튼 좀 그랬대요."
아슬아슬하게, 불안불안하게. 쌀국수집 개업 준비가 진행되고 있었다.

아슬아슬하고 불안한 상황을 영희는 자신감으로 메

웠다.

나에게는 실패한 경험이 없다.
나는 한 번도 물러서거나 포기해 본 적이 없다.
나는 한 번도 남과 한 약속을 어긴 적이 없고, 내 스스로에게 한 약속을 지키지 않은 적이 없다. 안 될 수도 있지만 끈기를 가지고 잘될 때까지 하는 것이다.
아는 사람 모두에게 돈을 빌렸지만 누구 한 사람에게도 피해를 준 적도 낭패를 겪게 한 적도 없다.

영희는 자신이 신용의 아이콘임을 믿었다. '안 해, 못 해' 병에 걸린 남편을 빼면 적어도 자신이 하는 일에는 틀림이 없었다.
봉제공장에서의 자신은 생산목표량이라는 불사신과 맞서 싸웠으되 물러서 본 적이 없는 최고의 생산관리자였고, 시집을 와서는 맨주먹으로 시작해 잘 살아냈다. 떡집 운영으로 집안을 일궈냈고, 자식들도 잘 키워냈다.
허허벌판. 바람 부는 광야 같은 시간들 속에서도 잘해 왔는데, 이제까지도 잘해 왔는데, 이제 와서 잘못될 리가 없다고 믿었다.

젊은이들이 찾아와 물었다.
"아직 영업 안 하시나요?"
"영업은 언제부터 하세요?"
"쌀국수 먹으러 멀리 안 가도 되니 너무 좋아요."
"기대됩니다. 사장님."
'것 봐. 잘될 거라니까. 잘될 거라고 했잖아. 잘될 거라니까.'
최면이었다.

드디어 대망의 닻을 올렸다.
자기들이 할 일은 끝났다고, 나머지는 알아서 하셔야 된다고 못을 박고 돌아섰던 조리 팀들도 와 주었다. 도무지 맘을 놓을 수가 없어서라며.
이번에는 최도 거부감 없이 조리 팀을 맞아 주었다.
개업 광고를 하지 않은 셈치고는 대성황이었다.

"이렇게 잘하시면서."
"도와주시지 않았으면 엉망이었겠죠."
"썩 잘하신 겁니다. 더 잘하실 수 있습니다."
훈훈한 마무리였다.
'휴! 다행이다. 개업도 못 해보고 잘못되나 했는데. 그러

면 그렇지. 최가 그럴 사람은 아니지.'

영희. 비로소 마음이 놓였다.

개업 광고를 하지 않았는데도 손님은 모여들었고, 시작하기 전 염려했던 것과는 달리 최도 집중력을 발휘해 주었다.

블로거들이 찾아와 사진들을 찍어 올리고, 그 사진을 본 새로운 손님들이 찾아오고.

음식을 차려 올리지 않아도 자신들이 주문한 음식을 자신들이 챙겨다 먹는 시스템.

신세계였다.

한국에서는 왜 쌀국수가 비쌀까?

"쌀국수는 어렵고 힘든 시절 베트남 서민들이 먹던 값싸고 영양 많은 음식입니다."

"월남 쌀국수는 한국인의 입맛에 맞춘 최고의 맛과 영양의 한국식 쌀국수입니다."

"너무 맛있어요."

"저는 쌀국수 너무너무 좋아해요."

"어떻게 이런 생각을 다 하셨대요?"

손님들의 반응도 뜨거웠고 블로거들의 방문후기도 칭찬에 환영일색이었다.

박은 수시로 스마트 폰에 올라온 블로거들의 글을 읽으며 기쁨을 감추지 못했다.

"이거 보세요. 이분은 주소는 물론 찾아오는 방법까지 자세히도 올려 주셨네요."

"맛있게 잘 먹었대요."

"시내까지 안 나가도 돼서 너무 좋대요."

우리 주변에 쌀국수마니아가 이렇게 많았나.
놀라울 뿐이었다.

나나 최, 남편을 아는 지인들이 일부러 찾아왔다가 당혹스러워하는 모습을 보는 것도 재미있었다.

앉아서 주문을 하고 챙겨다 주는, 심지어는 구워서 잘라 주기까지 하는, 대접에 익숙한 손님들에게 발권기에 직접 주문을 넣고, 반찬을 직접 챙기고, 주문한 음식이 나오면 직접 가져다 먹어야 하는 셀프 시스템은 충격이었고 반란이었다.

낯선 시스템에 반응하는 방법도 여러 가지였다.

낯선 광경에 어색해하면서도 그들 중 상당수는 어차피

인사치레를 온 거니 아무러면 무슨 상관이냐는 듯, 박이 안내하는 대로 직접 주문을 넣어 보고, 직접 반찬을 챙기고, 주문한 음식을 들어 날랐다. 일련의 과정들을 실행하면서 첨단시스템을 통해 신세계에 입문해낸 스스로를 대견해하는 사람들도 상당수 있었다. 또 다른 상당수는 발권기에 주문을 넣고 주문한 음식을 직접 챙겨야 하는 셀프시스템에 심각한 우려를 나타내기도 했다.

"이게 될까? 아직 여긴 일러."

편해 보자고 외식을 하는 건데, 주문부터 반찬 챙기는 것까지 다 자기 손으로 할 것 같으면 집에서 조리를 하는 것과 무슨 차이가 있냐는 것이었다. 홀대를 당하는 느낌이 드는 것도 사실이란다. 기껏 찾아왔는데 이런 대접이면 다시는 오고 싶지 않을 것 같다는 말들도 했다.

"아! 난 손이 없어서 못 갖다 먹어."

식탁에 앉아 "장사를 하려면 와서 주문을 받아라!", "손님들한테 이게 무슨 무례한 짓이냐?" 노골적으로 항의를 하는 사람들도 있었다.

낯선 음식에, 낯선 시스템.

인구 오만의 시골 동네에 등장한 월남 쌀국수는 모험이었고 센세이션이었다.

우려했던 것과는 달리 최는 자신이 맡은 역할을 충실하게 잘 수행해내고 있었다.

7. 세 번째 남자 최

그렇게 한 달이 지나고 마음을 놓아도 좋겠다고 여겨질 즈음 최가 말했다.

"오래전부터 발마사지 봉사를 해왔는데 지난달에 못 갔어요."

"봉사활동요?"

"예."

"봉사활동이 뭐요?"

"이번 달부터는 가려고요."

"힘 안 드세요? 일요일 하루는 그냥 쉬시지요."

"일요일 행사면 굳이 말 안 했죠. 그게 매월 첫째 월요일에 가는 거라서요…."

"월요일? 그럼 여기는요?"

"지장 없이 할게요."

"그게 지장 없이 될까요?"

"한 달에 한 번인데요. 뭐."

'한 달에 한 번이니 지장이 좀 있더라도 가겠다는 건가.'

약속이라도 한 듯 그 무렵부터 남편이 징징대기 시작했다.

"방앗간을 접자. 나, 힘들어서 못 하겠다."

"힘들어? 뭐가 힘들어? 방앗간이랑 식당 양쪽을 오가는 나도 암말 안 하는데 당신이 뭐가 힘들어? 주문전화 내가 다 받고, 떡 내가 다 하고… 도대체 뭐가 힘들다고 난리야?"

최한테 못한 화풀이도 할 겸 쏘아붙였다.

"사람들이 말야. 철이 없어도 유분수지. 사는 게 장난이야? 주방을 맡은 사람이 주방을 비워 놓고 봉사를 간다는 게 말이 돼? 봉사를 하지 말라는 게 아니잖아. 봉사? 좋지. 좋다 이거야. 그런데 생업이 우선 아냐? 생업에 지장을 주면서까지 봉사라는 걸 꼭 해야만 해?"

두 달이 지났다.

최가 방통대 사회복지과에 합격했다고 했다.

"졸업요?"

"합격했다고요."

"합격이라면 대학을 또 가요?"

"환경학과야 당시에 관광과가 없어서 들어갔던 거고요. 관광과 생겨서 입학했고 이번에 졸업했어요."

"그런데요?"

"졸업하고 사회복지과에 시험 봤는데 합격했어요."

"대학을 또 다닐 거라는 거예요?"

"졸업하기 전부터 준비했어요."

'내가 몇 번이나 물었었잖아? 다 버리고 올인할 수 있겠냐고 묻고 또 물었었잖아?'

석 달이 지났다.

점심 장사 끝내고 도서관에 갔다 온다던 최가 책을 한 보따리나 안고 들어왔다.

"웬 책이에요?"

"일주일에 열 권씩 목표를 정해 놓고 읽으려고요."

"강의도 들어야 하고 책도 읽어야 하고. 힘 안 드세요?"

"틈틈이 읽으면 돼요."

'일주일에 책 열 권을 틈틈이? 이 남자. 일억이 들어간 쌀국수집을 책임지고 있다는 걸 잊고 있는 거 아냐?'

남편 철수는 밥맛이 없다며 짜증을 부리기 시작했다.
"밥맛이 왜 없어? 마누라만 보면 무슨 꼬투리라도 잡고 싶지? 무슨 꼬투리를 잡아걸고 넘어져서라도 들들 볶고 싶지? 당신이 언제 밥상 앞에서 '고맙습니다. 잘 먹겠습니다' 한 번 해본 적 있어? '짜다, 싱겁다, 건데기가 많다, 적다, 매운탕이 먹고 싶은데 왜 김치찌개냐? 시골 머슴 밥상도 아니고 누구 먹으라고 고봉밥이냐' 언제 군말 없이 받아먹은 적 있냐고?"
속사포처럼 내갈겼다.
"남자들이란 들어가나 나가나 속들이 없어. 철수나 최나 어쩜 그렇게 한결같이 속들이 없냐?"

그렇게 넉 달이 지나고 다섯째 달로 접어들었다.
쌀국수집은 나름대로 자리가 잡혀가는데 영희 일상은 최악이었다.
방앗간을 비우는 시간을 최소화하고, 식사며 청소며 거의 모든 일을 손댈 데 없이 해놓고 쌀국수집을 가는데도 남편 철수는 점점 더 심하게 징징거렸다.

"뭐가? 뭐가 힘들어?"
"기운이 없어. 기운이 없어서 못 해먹겠다고."
"밥을 잘 안 먹으니까 기운이 없지."
"밥맛이 없어."
"알았어. 당신 보약 먹을 때 된 거 같다. 가서 진맥하고 약 짓자."

"혈압과 당뇨가 있다는 건 고지했죠?"
남편의 진맥을 끝낸 한의사를 따로 만나 확인을 했다. 의사가 고개를 갸웃거리며 말했다.
"그런데 어머님. 아버님은 지금 전형적인 우울증 증상으로 판단됩니다만."
'우울증? 웃기고 있네. 우울증 그거 자신 없고 설명 안 될 때 뒤집어씌우는 병명 아냐. 그거 우리도 다 해봤다고. 철수 형 죽었을 때 성가셔지는 거 귀찮아서 가족 모두 짜고 우울증으로 조작했다고. 죽은 놈이 말을 안 하는데 왜 죽었는지 알 게 뭐야? 그런데 우울증. 한 마디로 간단하게 마무리되더라고. 그치만 그래도 면허증 있는 의사가 좀 비겁하다. 먹어서 밥맛 나고 기운 나는 보약 좀 지어 달랬더니 우울증이 뭐냐. 보약에 자신이 없나. 좋아 뭐, 한 재 가지고 안 되면 두 재 먹지 뭐.'

"한약으로는 치료가 안 되나요?"

"양약은 증상을 완화시키지만 한약은 힘을 강화시켜 이겨내게 합니다. 시간이 걸린다는 뜻이죠. 제 생각으론 병행하시는 게 좋을 듯합니다만."

"보약 먹고 힘 생기면 이겨낼 수도 있는 거죠?"

"물론이죠."

간과하고 넘겼다.

남편 철수의 우울증을 인정하고 받아들이기엔 영희의 머릿속이 너무 복잡했었다.

이른 새벽 눈을 뜨자마자 서둘러 방앗간으로 나가야 했고 쫓기듯이 주문 떡들을 끝내야 했다. 허겁지겁 남편의 아침상을 챙기고, 안 먹겠다고 버팅기는 남편을 어르고 달래 한 술 뜨게 하고, 설거지까지 대충 마치고 나면 영희의 몸은 이미 전반 사십오 분을 숨차게 몰아 뛴 축구선수처럼 후줄근한 행색에 노곤해져 있었다.

쌀국수집 출근을 서둘렀다.

문을 열고 들어서니 최는 주방 안에서 인터넷 강의를 듣는 일에 몰두하고 있었고, 박은 홀 식탁에 앉아 카톡에 빠져 있었다.

영희가 자신에게 물었다.

'내가 지금 무슨 짓을 하고 있는가?'

자신을 향한 질문을 시작으로 영희가 최와 박에게 물었다.

"두 사람. 이 일을 계속하긴 할 건가요?"

두 사람이 놀란 얼굴로 서둘러 폰을 끄고 영희를 바라보았다.

"두 사람이 할 일을 안 했다는 게 아닙니다. 다시 말하지만 두 사람이 할 일을 안 하고 딴짓을 했다는 뜻은 아닙니다. 하지만 이건 아니지 않나요? 주방 담당은 인강에 열중하고 있고, 홀 담당은 손님맞이와 주문은 발권기에 맡겨놓고 카톡이나 하고 있으면 손님들은 누굴 보고 여길 오나요? 바꿔서 생각 한번 해 보죠. 식당에 갔는데 이런 분위기면 그 집 다시 가고 싶겠습니까? 음식 맛이 아무리 좋아도 그 집 다시 찾고 싶겠어요? 두 분이 쌀국수집 망하게 하고 싶어요?"

영희의 말이 끝나기도 전에 나긋나긋 말랑거리던 분위기는 차갑게 얼어 붙어버렸다. 악의가 없었다는 건 영희도 안다. 악의는 없었지만 너무 태평한 거 아닌가. 태평해도 너무 태평한 거 아닌가. 이 바닥이 어떤 바닥인데. 죽자고 덤벼도 생존률이 20% 안팎이라는데. 봉사하고, 책 읽고,

남은 힘만 써도 충분하다고 생각하는 거 너무 철없고 천진한 생각 아닌가. 영희는 노여웠고 노여움을 숨길 수가 없었다.

8. 오아시스의 반란

노엽다고 말해 놓고 편치 않았다.
안 할 말을 했다고는 생각지 않지만 편치가 않았다.
'사는 게 왜 이리 고된가? 이게 맞는 건가? 나만 이런 것인가?'

알람소리가 울렸다.
하루의 시작을 알리는 소리.
눈을 떴다.
2019년 4월 1일

새벽 네시.
3월 31일은 일요일이었고 휴일이었다.
'사월이구나.'

문자 창에 최에게서 문자가 와 있었다.

"같이 식사라도 하려고 했는데 전화를 안 받으시는 걸 보니 바쁘신가 보네요. 열심히 했다고 생각하는데. 집중이 잘 안 되네요. 손님한테도 짜증을 내게 되고. 지금 끝내는 게 맞는 것 같아요. 3월 말일까지 끝내는 걸로 하겠습니다. 미안합니다."

누운 채로 문자를 읽던 영희가 후다닥 일어나 앉았다.
'이게 무슨 소리야?'
설마 그만두겠다는 소리라고는 생각되지 않았다.
'토요일까지 별다른 내색 없었잖아? 멀쩡한 얼굴로 식자재 주문까지 해놓고….'

머릿속이 하얘지면서 아무 생각도 나지 않았다.

"만나서 얘기해요."
문자를 보낸다.

두 번째 문자를 보낸다.
"출근하는 걸로 믿고 기다릴게요."

'출근은 하겠지? 출근, 할까?'
답장이 없다.
'지진인가?'

머릿속에서 하얀 아지랑이가 피어오르며 딛고 선 지구가 흔들거리는 것 같다.

'어떻게 해야 하나?'
옆자리에 잠들어 있는 남편을 바라본다. 지쳐 곯아떨어진 듯 보인다.
'편안히 잠들어야 할 침실에서조차 고단한가. 정말 어디가 아픈가? 보약을 너무 믿었나? 여전히 밥맛도 없어 하고. 기운도 없어 보이고.'

다시 문자를 보낸다.
"기다릴게요. 기다립니다. 이 문자 보고 있죠?"

진아의 사시 합격 기원 이후 근래 이만큼 간절해 본 적이 있었나? 간절하게 기다렸다. 최의 답장을.

남편이 눈을 뜨고 물었다.
"뭐야? 무슨 일 있어?"
"갑시다."
한숨부터 쉰다.
"왜? 아직도 힘들어?"
"아! 몰라."
'왜 이렇게 힘들어 하지? 보약 먹이고 있는데.'

서둘러 주문 물량을 끝내고 시계를 본다.
전화를 건다. 받지 않는다. 끊었다가 다시 건다.
"고객이 전화를 받을 수 없으니…."
다시 걸어도, 기다려 보아도, 전화를 걸어도, 문자를 넣어도 연락은 닿지 않는다.

"전화 좀 받아요. 무슨 일인지 얘기를 해 봅시다."
문자를 다시 넣어 본다. 다시 전화를 건다. 여전히 받지 않는다.
'일부러 안 받는구나.'

"왜? 무슨 일인데?"
남편 철수가 물었다.
"최가 연락이 안 돼."
"이따 올 텐데 연락은 왜?"
"출근을 안 할 건가 봐. 그만하고 싶대."
대답이 없다.

느닷없이, 불시에. 영희가 지켜보는 눈앞에서.
절대 흔들리지 않을 것이라 믿었던 것들이 흔들리는 것.
절대 흔들려서는 안 되는 것들이 흔들리는 것.

남편도 자신처럼 머릿속이 하얘진 것이라 여겼다.
남편도 자신처럼 쇠망치로 뒤통수를 가격당한 느낌이겠거니 했다.
"괜찮아?"
대답이 없다.
'이 사람도 나처럼 충격이 크구나.'
"여보! 괜찮아?"
다시 물었다.
"아! 잠깐만 나, 왜 이렇게 가슴이 뛰지? 숨을 못 쉬겠네."
의자에 앉은 철수가 가슴을 움켜쥐며 얼굴을 찌푸렸다.

"왜 이래? 응? 당신 왜 이래?"

영희가 다급하게 남편 철수 앞에 무릎을 굽혀 앉으며 물었다.

"아! 몰라. 내가 왜 이러지?"

'병원엘 가야 하나? 119를 불러야 하나?'

철수는 금방이라도 쓰러질 것처럼 가쁜 숨을 몰아쉬며 괴로워하는데 영희는 어찌할 바를 몰라 허둥거렸다.

"병원 갈까? 119 불러?"

"막내 좀 불러."

"막내? 서방님?"

시동생에게 전화를 거는 손끝이 떨렸다.

'이게 뭔가? 블랙아웃? 번아웃? 암전인가? 탈진인가?'

영희의 가슴이 심하게 뛰기 시작하면서 다리가 후들거렸다.

"빨리 좀 와 주세요. 형이 이상해요."

"나는 괜찮아. 네 형수랑 최네 집 좀 다녀와."

병원에 가자고 동생을 부르나 했더니 영희를 데리고 최의 집에 다녀오란다.

"당신도 같이 가자."

최의 집에 안 가 볼 수도, 남편을 혼자 두고 갈 수도 없어 결국 같이 나섰다.

전화를 걸었다.
'제발 받아라. 제발 받아서 남편이 아파서 병원에 간다. 잘 부탁한다'는 내 말을 좀 들어줘라.'
"그만둬."
철수가 핸드폰을 쥔 영희의 손을 잡았다.
"가보자."
가슴을 움켜쥔 남편을 싣고 이웃마을 최의 집을 향해 달렸다.

새로 지은 빌라와 원룸들 사이로 낡은 슬레이트 지붕의 집 한 채가 나타났다.
오래전에 아버지의 아버지가 이웃에게 터를 빌려 지은 집이라고 했다. 초가였다가 농촌지붕개량사업 때 갈아입힌 슬레이트가 버짐처럼 허옇게 바랠 만큼 오래된 집.

집은 많이 낡고 헐어 있었다.
허물어진 담벼락을 끼고 마당으로 들어서니 마루 가득 어지러이 널려 있는 빈 물병과 잡동사니들이 눈에 들어왔다.

낡은 집에 허접한 잡동사니들.

보이고 싶지 않을 것 같은 남루였다. 허접하고 민망했다. 이런 형편에 봉사라고?

망설이다가 방문을 두드렸다.

아무런 기척이 없었다. 차라리 다행이란 생각이 들었다.

돌아서 나오려는데, 뒤틀려 어귀가 맞지 않는 방문이 삐걱 소리를 내며 열렸다.

열린 방문을 밀치고 한 남자가 하품을 하며 방문 밖으로 나왔다.

"누구세요?"

"저 최⋯."

"출근했는데요."

"언제요?"

"아까 출근했어요."

돌아오는 길. 옆자리에 앉은 철수의 숨소리가 점점 더 거칠어지고 있었다.

"여보!"

얼굴을 찌푸린 철수가 자신의 가슴을 두 손으로 부여잡고 괴로워하고 있었다.

"병원으로요."

영희가 소리쳤다.

"집."

철수가 쥐어짜는 소리로 집을 외쳤다.

"병원으로 가자."

"집."

"최 안 와. 아니. 오건 안 오건 상관없어. 병원으로 가요."

"공황발작…."

의사의 말이 끝나기도 전에 영희가 주저앉았다.

철수가 누운 응급실 침대 난간을 움켜잡고 의사를 올려다보며 물었다.

"입원해야 하나요?"

"정신병원에"라곤 차마 묻지 못했다.

"아뇨. 한숨 주무시고 나면 호흡곤란이나 가슴의 통증은 사라질 것입니다. 환자분 깨어나시면 처방전 드릴 테니 약 타서 챙겨 드시게 하고, 안정을 취하게 하십시오. 모든 병은 스트레스가 원인이란 건 알고 계시죠?"

스트레스.

영희가 약국에서 받아든 약봉지를 들고 철수의 옆자리 자동차 뒷좌석에 앉았다.

철수도, 영희도, 시동생도 입을 굳게 다문 채 말이 없었다.

공황장애.

적의 이름을 처음 들었다.

낯선 적과의 괴로운 싸움을 앞두고 영희, 가슴이 떨렸다.

삭막한 사막의 오아시스일지도 모른다고 믿었던 최가 반란을 일으켰다.

오아시스의 반란이었다.

9. 또 다른 반란

"나, 이발소에 좀 갔다 올게."

영희 뒤를 따라 차에서 내린 철수가 말했다. 그러라고 했다.

'그래. 심란할 땐 머리칼이라도 가지런한 게 좋지.'

영희가 이발소를 향해 걸음을 옮기는 철수의 뒷모습을 바라보았다.

'언제 저렇게 쪼부라졌을까? 축구공처럼 통통 튀어 감당이 안 되던 저 남자. 쭈글쭈글. 공황장애라니.'

가슴이 녹아 흘러내리는 것 같았다.

"떡집에 계셔 주세요. 저쪽 가게 좀 들여다보고 올게요."

영희. 떡집을 시동생에게 맡기고 쌀국수집을 향해 걸음을 옮겼다.

최의 모습은 보이지 않았고 최가 주문한 식자재들이 입고되어 쌓여 있었다.

무슨 뜻인가? 미리 작정을 한 건 아니란 뜻인가?

오늘 이 사태를 작정했다면 이 많은 식자재들은 왜 주문을 넣었을까?

나 없이 너 혼자 잘해보라는 뜻인가?

이 식자재들을 주문한 토요일까지는 그만둘 생각이 아니었다는 뜻인가?

영희는 이제 더 이상 최의 뜻 따위는 중요하지 않다고 생각했다.

식탁에 앉아 문자를 넣기 시작했다.

"월남선생 직산점은 3월 31일자로 영업을 종료합니다. 그동안 수고하셨습니다. 계좌번호를 알려주시면 3월분 급료를 정산해 드리겠습니다."

작성된 문자를 최와 박에게 함께 보냈다.

그리고 3월 달력을 뜯어 뒷면에 매직으로 썼다.

"개인 사정으로 휴업합니다."

스카치테이프를 찾아 달력에 쓴 글씨가 잘 보이도록 출입문 유리에 붙이고 문을 잠갔다. 일억을 투자한 가게였다.

일억.

가슴에 손을 얹고 주문을 걸었다.

'지금은 내 남편 철수만 생각하자.'

"아악!"

출입문을 열고 떡방앗간 안으로 들어서던 영희의 입에서 비명이 터져 나왔다.

삭발을 한 철수가 의자 위에 좌불상처럼 앉아 있었다. 철수에게 물었다.

"다 당신. 왜 이래?"

말이 잘 이어지지 않았다.

"죽으려고."

"뭐?"

"죽고 싶어서."

"뭐라고?"

"나 정말 죽고 싶다. 죽고 싶어."

또 다른 반란이었다.

"죽고 싶어. 영희야. 나 좀 죽게 해 줘."

"왜 이래? 당신 정말 왜 이래? 당신 말해 봐. 정말은 보고 싶은 거지? 형이랑 아부지가 보고 싶은 거지?"

"내가 보고 싶다고 오냐. 뒈진 놈들이."

"그니까 보고 싶은 거구나."

"죽도록 미운데 죽도록 보고 싶다."

"보고 싶은데 왜 죽고 싶다고 그래? 사람 놀라게."

"보고 싶은데 볼 수가 없으니까. 죽어서라도 보고 싶어서."

"죽고 싶다고 하지 말고 보고 싶으면 보고 싶다고 말해. 죽고 싶다고 하지 말고. 보고 싶다고 말해."

"보고 싶다. 형 그 개새끼가 너무너무 보고 싶어. 보고 싶어서 죽고 싶어."

사월의 두 번째 날이 밝았다.

"여행 갈까? 우리 여행해 본 적 없잖아."

"왜? 많이 돌아다녔지. 나, 큰형 따라서 전국 남한 일대 안 가본 데가 없고, 큰형 피해서 도망 안 가본 곳이 별로 없어."

"안 맞으려고 도망 다니고. 도망갔다가 잡혀 오면 더 많이 맞고. 족제비 잡으러 전국을 누비고 다녔다고? 그건 여행이 아니잖아."

"한데 잠에 이골이 났었다. 짚동가리 속에 숨어 자다가 간첩으로 몰려 조사도 여러 번 받고. 어떻게 그렇게 귀신처럼 찾아오나 했더니 나중에 알고 보니 주인들이 연락을 한 거더라고. 집 나온 어린애 붙들고 있다가 탈 날까 싶어서. 그것도 모르고 주인들이 물으면 집 주소 대고. 전화번호 대고. 참 희한하게도 그때 그 시절에 우리 집엔 전화가 있었다. 엄마가 큰아들인 형에게 할 말이 많았던 모양이야."

"시간 되면 보시죠."
최에게서 문자가 왔다.
"12시 반쯤 커피숍 이데아에서 봅시다."
최와 박에게 문자를 보냈다.

"나 농협에 가서 돈 찾아다가 두 사람 정산해 주려고."
"정말 그만두려고?"
"응."
"최는?"
"지금은 당신 생각만 하자."
"좋은 놈이야."
"나쁜 사람이라고는 생각 안 해."
"한 번만 더…."

"알아서 할게."

"그래도…"

"일억이나 쳐 들였는데 이렇게 그만둔다는 건 말이 안 된다는 거 알아. 하지만 안 하겠다는 데 도리 없잖아."

"영희야…"

"내가 최를 버린 게 아냐. 최가 나를 버렸다고. 우리를…. 말려봐야 소용없는 세 가지가 뭔지 알아? 바람난 마누라. 마음 떠난 미싱사. 곤조 부리는 주방장."

'또 하나 죽겠다는 놈. 지금 나는 넷 중 하나인 죽겠다는 놈을 지켜야만 한다'고 영희는 생각했다.

"최. 그런 놈 아냐."

"고생들 하셨습니다."

봉투를 건네주고 이데아를 나와 남편이 있는 떡집으로 돌아오는 길.

노오랗게 피어오른 아지랑이가 눈앞에 일렁거리고 가슴속에선 작두 물 빠져 내리는 소리가 났다. 그 어떤 마중물로도 다시는 길어 올릴 수 없을 것 같은.

쌀국수집은 문을 닫았고 남편 철수는 많이 아프다.

이겨낼 수 있을까. 어깨를 펴자. 고개를 들자.

그런데 왜 이렇게 눈앞이 흐릿하지? 뭐야? 우는 거야? 바보같이.

영희야, 울면 안 돼.

"어머! 지금 바쁜 시간 아니에요?"
'그렇지. 식당에, 떡집에. 나 조영희를 아는 사람이라면 누구나 의아해 할 것이다. 나는 이 시간에 이 길을 휘청휘청 걷고 있어서는 안 되는 사람인 것이다.'
"아! 네."
대충 얼버무리고 벗어나려는데 이 손님 자상도 하시다.
"어머나! 어디 편찮으신 거 아녜요? 얼굴이 너무 창백해 보여요."
"아! 네. 별일 아닙니다. 별일 아니에요."
웃어 보이려고 입꼬리를 올려 보였는데 뻣뻣하게 굳어진 근육들이 찌그러지면서 고통스럽게 보인 모양이다.
"아휴. 이를 어째? 많이 안 좋으신 모양이네. 어서 병원에 가보세요. 어쩐지 무리하신다 했어요."
"예."
"꼭 병원 가세요. 꼭요. 병원부터 가세요. 꼭요."

박에게서 문자가 왔다.

"아저씨랑 얘기해 봤는데 아저씨도 그만둘 생각은 아니었다는데 소통에 문제가 있었던 것 같아 안타깝네요."

'그만둘 마음이 아니었으면? 그만두겠다고 해놓고 그만둘 마음이 아니었다니? 박은 이해하는 최의 말을 나만 못 알아들었다고? 이제는 굳이 이해하려는 노력을 하고 싶지가 않다.'

어떻게 내가 망해?
최 때문에 내가 망해?
민석이를 보내고도 버텨온 내가,
철수도 견딘 내가 어떻게 최 때문에 망해?
어떻게 내가 망해?
망신스럽고 모양 빠지게.

"혼자 두지 마시고 기분전환을 하도록 애써 보세요. 운동을 하면 좋은데 운동이 힘드시면 가벼운 산책도 좋구요."

남편 철수에게 내려진 의사의 처방이나 잘 지켜야겠다.

10. 꿈은 사라지고

 눈도 떼지 못하고 붙어 있어도 철수는 여전히 밥맛 없어 하고 기운 없어 했다.
 한약은 효과가 나기까지 시간이 걸린댔으니 영양제를 놔 줘 볼까?

"당뇨 환자도 영양제 주사 맞을 수 있나요?"
"그럼요. 포도당을 뺀 주사 맞으면 돼요."

 영양제를 주사하기 전 당 체크를 끝낸 의사가 영희를 불렸다.

"도대체 사람한테 뭘 먹이면 이 지경이 됩니까?"

"무슨…."

"뭘 먹었길래 잘 조절되던 당이 이렇게까지 올랐는가 말입니다."

"보약…."

"보약요? 보약을 왜요?"

"밥도 잘 안 먹고 기운 없어 하기에…."

"물어 보셨어야죠. 상의를 하셨어야죠. 어쩔 겁니까? 이제. 당 수치가 자그마치 380이에요."

"그럼 어떻게 해요?"

"진즉에 물었어야죠. 이 지경 만들기 전에. 소견서 써 드릴 테니 입원실 있는 병원으로 가십시오."

"대학병원요?"

"예. 그러십시오."

하얗게 표백된 머릿속에 물결을 타고 반짝이는 햇살 같은 아지랑이가 일렁거렸다.

'빈혈인가.'

"다행히 입원을 하실 정도는 아닌 것 같습니다. 집으로 돌아가셔서 처방해 드린 약 드시면서 물을 많이 드시게 하십시오. 입원을 하시면 수액주사로 혈당을 떨어뜨리는 처치부터 하게 되는데요. 물 많이 드시고 소변으로 배출해내십시오. 운동으로 땀을 좀 흘려주시면 더 효과적이고요. 보약을 드셨다니 한동안 고생하실 겁니다."

내가 철수에게 독약을 먹였구나. 이 남자 철수 잘못되면 나는 영락없는 살인자구나.

"보약이 그렇게 나쁜 건가요?"

"보약이 무조건 나쁘다는 게 아니라 당이 오를 때 보약을 먹이면 당은 더 오르고 기운은 더 떨어지게 됩니다. 위험할 수도 있어요."

집으로 돌아오는 길.

영희가 철수의 손을 잡았다.

"미안해. 하마터면 나 때문에 죽을 뻔했대."

"그대로 죽어버렸으면 좋았을 걸. 최 자식이 나를 살렸네."

"살리긴. 죽일 뻔, 한 거지."

"집에 같이 가니까 좋다."

"응?"

"병원에 남게 될까 봐 겁났었거든. 나는 혼자 있는 게 너무 무서워."

"입원시켜 놓고 나 혼자 집에 갈까 봐?"
"장사해야 하잖아. 엄마처럼."
"엄마처럼?"
"그래, 엄마처럼."

"쌀국수집 안 가?"
방앗간에 있는 나를 보자 손님들이 물었다.
"예."
"왜? 제법 되는 것 같더만."
"남편 몸이 많이 안 좋아요."
"왜? 어디가 안 좋은데?"
"마누라가 약을 잘못 먹여서 탈이 났대요."
"왜? 무슨 약을 어떻게 잘못 먹였길래?"
"당뇨 환자한테 보약을 먹인 게 잘못됐나 봐요."
"아이고, 이 사람아! 똑똑한 사람이 어쩌자고 그런 실수를 하나. 당뇨 환자한테 보약은 사약이나 다름없다더구만."
"몰랐지요."
"아, 그럼 몰랐겠지. 알고 먹였으면 그게 어디 사람인가."
철수의 당뇨는 영희가 쌀국수집 문을 닫게 된 좋은 이유가 되어 주었다.

"진맥 안 했어?"

"했어."

"당뇨 환자란 얘기 안 했어?"

"했어."

"당뇨 환자란 얘기도 하고 진맥을 했는데 사람을 잡아? 어디야? 어떤 돌팔인지 그걸 가만둬? 사람이 저 지경이 됐는데 그냥 넘어갈 거야?"

"전에도 그 한의사가 지어준 보약 먹었지만 아무 일 없었어. 저 사람 체질에 문제가 생긴 거야."

"그래도…."

"아니라니까. 일 크게 만들지 마. 저 사람 쉬어야 돼. 스트레스 받으면 당 더 올라간대."

최를 빼고.

한의사를 빼고.

누구의 생인들 결국은 모두가 자신 탓이다. 바로 나, 오롯이 내 탓.

일억을 날리고. 남편을 넘어뜨리고. 모양 빠지고. 쪽팔리고. 동네 호사가들 심심치 않겠다.

자신은 실패하지 않는다는 영희의 자신감이 자신을 망친 것이다.

"쌀국수집 문 닫았어?"

진아가 물어 왔다.

"응."

"아저씨는 어쩌고?"

"내가 그 아저씨를 버린 게 아니라 그 아저씨가 나를 버렸어. 내가 버림을 받았다고. 애비나 딸년이나 내 걱정은 안 하고."

"그 아저씨에게 좋은 일이었으면 좋겠다 했지."

"왜 그 아저씨에게만 좋은 일이어야 해? 모두에게 좋은 일이었어야지."

"엄마한테는 남아 있는 게 많잖아."

"남아 있는 거 뭐? 뭐?"

"방앗간도 있고, 남편도 있고, 딸도 있고, 아들도 있고."

"남편은 병들어서 죽고 싶다고 난리고. 자식들은 최 걱정이나 하고. 나한테 남아 있는 게 뭐가 있어? 도대체 뭐가 있어?"

"처음 실패라 힘들구나."

처음 실패라고?

네 눈에 그렇게 보여? 늘 잘 이기고 있는 것처럼.

나, 사실은 하루도 실패를 경험하지 않고 지나간 날이 없었어. 날마다.

주차장이 사라지고. 손님들이 주차장을 따라 떠나고.

새로운 정류장이 생기고, 정류장을 따라 떠나간 사람들은 돌아오지 않고.

성공했다고들 하지만 제 길을 찾아 떠난 자식들 역시 돌아오지 않고.

최에게서 문자가 왔다.

"재료 소진 시까지만 영업을 계속할 순 없을까요? 어떻게든 마무리할 수 있게 해 주셨으면 좋겠습니다."

상의를 했었다면 마무리할 기회가 왜 없었겠는가.

주방을 책임질 다른 사람을 구할 때까지.

가게를 운영할 다른 임차인을 구할 때까지.

망하지 않고도 얼마든지 방법은 있었다.

여러 가지 방법이 있을 수 있었음에도 이 방법을 택한 건 최 본인이었다.

그에게 마무리를 맡기고 싶지 않았다. 그 어떤 기막힌 묘수로도.

'재료 소진 시까지라고? 찌질하고 남루하게 망해가자는 거로군. 한칼이 아니라 바늘로 콕콕.'

"남편과 딸이 염려를 하니 운영을 해 보시겠다면 통째로 넘겨 드리겠습니다. 아무런 단서나 조건 없이. 그러나 재료 소진 시까지라는 문항에는 동의할 마음이 없습니다."

문자를 보냈다.

머릿속에 선비를 들여 앉혀 놓고, 언젠가 떠날 서울 사람이 되어 마음을 반만 열고 살아보겠다는 사람. 영희는 그 사람을 향해 손을 내밀고 싶진 않았다. 딸과 남편이 그 때문에 마음 아파할 것이 마음 아팠지만.

'그런데 최 그 사람. 뭘 두려워한 거지? 뭐가 두려워 그런 결정, 그런 태도를 보인 거지?' 궁금은 했다.

최저 임금. 4대 보험. 경영 악화….

꿈이 사라지니 비루한 궁금증이 등장했다.

무슨 상관이냐는 의미로 머리를 흔드는데 문자가 왔다.

"알겠습니다. 행복하십시오."

모르고 나쁜 짓은 할 수 있어도 아는 나쁜 말은 할 수 없는 사람, 최.

그의 문자였다.

3부

박제의
시선으로 보다

1. 자연인 철수

철수가 텔레비전 앞에 앉아 있다.
'나는 자연인이다'

영희가 쌀을 씻어 밥통에 넣고 그 밥이 끓다가 뜸이 들어 상에 오를 때까지도.
물건을 정리하고 청소기를 돌리고 걸레질을 끝낼 때까지도.
세탁기를 돌리고 건조대에 널고 그 빨래가 말라서 옷장에 넣을 때까지도.

바닥을 쓸고 물걸레로 닦고. 기계를 다 닦을 때까지도.
집에서도, 떡집에서도.
텔레비전 앞에만 앉아 있다.
'나는 자연인이다'

자연인.
사회나 문화에 속박되지 아니한, 있는 그대로의 사람.

사회.
같은 무리끼리 모여 이루는 집단.

"병원에서 치료 불가 판정을 받았습니다. 좋아하는 산에 가서 죽겠다는 각오로 들어왔지요. 삼 개월 시한부 판정을 받고 산으로 들어왔는데 산에서 살다 보니 이렇게 건강해져 버렸다니까요. 오 년 만에 담당 의사를 찾아가 검진을 받는데 아직 살아 계셨냐며 깜짝 놀라더라고요. 자연이 날 살렸죠. 의사 선생님도 연구해 볼 가치가 있는 사례라고 허더라고요."
화면 속 남자가 말한다.

"행복합니다. 십억을 주면 자연을 포기할 수 있냐고요?

아니오. 안 합니다. 나는 자연 속에 사는 지금이 너무나 행복합니다."

"내 손으로 농사 지은 콩으로 내가 담근 된장입니다."

"내 손으로 키운 배추로 내가 담근 묵은지입니다."

"내 손으로 만든 연못엔 우렁이도 있고 가물치도 있어요."

"벽돌을 직접 찍으셨다구요?"
"네. 그럼요."

"아궁이도 직접 만드시고요?"
"그렇다니까요."

자연인으로 살고 싶은 것인가?
자연으로 보내 주면 죽고 싶다는 생각 안 하고 살려나?
자연인의 필수 덕목. 자력갱생.
할 수 있을까? 저렇게 앉아만 있는데.

"외롭지요. 외롭습니다. 외로움을 이기기 위해 낮에는 돌담을 쌓고 밤에는 그림을 그립니다. 그립지만 볼 수 없는 사람들을 그립니다. 볼 수는 없으니까. 이렇게 변했겠지. 이런 모습으로 살아가고 있겠지. 상상하면서 그리는 거죠."
'이겨낼 수 있을까? 혼자 있는 게 싫댔는데.'

사회나 문화에 속박되지 아니한, 있는 그대로의 사람.
자연인은 자유로울까?
자연으로 돌아가면 철수는 최에게까지 버림받은 기억에서 자유로워질까?

어쩌자고 저렇듯 텔레비전 앞에만 붙박이가 되어 앉아 있을까?
답답한 가슴을 어찌지 못해 문을 나서려던 영희가 황급히 돌아선다.
저만치 최가 걸어오고 있다.
귀에는 이어폰을 꽂고 시선은 앞을 향해 내리꽂은 채.
가슴이 뛴다.
아직은 최와 마주칠 자신이 없는 것이다.
"안녕! 요즘 잘 지내요?"
안부할 자신이 없는 것이다.

최 탓이 아니라고 믿기로 했으면서도 영희는 최를 향한 노여움을 버리지 못했다.

노여움.

남편을 자연으로 들여보낼 배포도, 최를 향한 노여움을 날려버릴 용기도 없는 영희는, 터질 듯 쿵쾅대는 가슴을 나무라는 것으로 사태를 수습하고자 했다.

"너까지 왜 이래? 너마저 보채고 나서면 나는 어떡하라고. 조용히 해. 조용히 하라니까. 최는 곧 지나갈 것이고 남편은 곧 일어날 거야. 그러니 잠잠히 기다려. 조용히 하라니까."

영희는 투덜거리는 자신의 심장을 엄하게 꾸짖어 달랬다.

"조용히 하라고. 조용히 하라니까. 너, 정말 말 안 들을래?"

자연인이 생라면에 석청을 찍어 먹고 있다. 텔레비전을 보던 철수가 외쳤다.

"아! 지긋지긋해."

"뭐가? 저 귀한 석청이? 석청이 지긋지긋해?"

"생라면."

"생라면? 라면이 왜?"

"먹을 게 생라면밖에 없었어."

"끓여서 먹지. 족제비는 가장 추울 때 잡는 거라면서."

"어디서 끓여 먹냐? 어디다 끓여 먹어? 생라면 씹어 먹고. 목마르면 눈 한 움큼 집어 먹고. 그렇게 끼니를 때우고 짚동가리를 파고들어 누우면 이빨에서 딱딱 소리가 났어. 너무 추워서 이빨 부딪치는 소리가 딱, 딱, 하고 났다니까."

자연인. 안 되겠다. 철수는.

저 사람들은 자연 속에서 행복하다는데 철수에겐 고통이 각인되어 있구나.

"상엿집에서 자고 나오려는데 누가 뒤에서 잡고 안 놔주는 거야. 상엿집이니 귀신이려니 했다. 그래서 울면서 빌었지. 다시는 족제비 안 잡고 상엿집에도 안 들어 올 테니 제발 놔 달라고. 제발 살려 달라고."

"그러니까 귀신이 순순히 놔 줬어?"

"놔 주기는. 날은 점점 밝아오는데. 날이 밝아 사람들 눈에 띄면 안 되는데. 다른 사람들이 덫이랑 족제비를 가져가 버리면 형들한테 맞을 텐데. 놔주지를 않는 거야. 빌어도 안 되고. 발버둥을 쳐도 안 되고."

"무서웠겠다. 근데 어떻게 살아나왔어?"

"그러는 사이 날이 훤히 밝아 버렸어. 겁은 났지만 찬찬히 등 뒤를 돌아다 봤지. 도대체 얼마나 크고 힘이 센 귀신이길래 이렇게 꿈쩍도 안 하나 하고."

"그랬더니?"

"상여 틀에 내 옷이 걸린 거였어. 살짝 걸쳤더라면 빠졌을 텐데. 깊이 걸리다 보니 내가 발버둥을 칠 때마다 더 깊이 걸려 얽힌 거였더라고. 그걸 모르고 귀신한테 붙잡힌 줄 알고…"

"형들은 어딨었는데?"

"형들 구역에 있었지. 구역을 정해 족제비 통로를 찾아 덫을 놓고, 잠자리는 알아서 찾아 자고, 날이 밝기 전 덫이랑 덫에 걸린 족제비를 챙겨서 정해진 장소로 가야 했어. 사람들 눈을 피해 가죽을 벗겨야 했거든. 가죽만 벗겨서 기차에 싣고 왔어. 바로 벗겨야 벗기기도 쉽고. 털도 안 상하고. 부피도 줄이고."

텔레비전 앞에 앉아 족제비 사냥꾼이었던 지난날의 고통을 되새김질하는 남자.

철수는 안 되겠다. 자연인.

2. 도마 소리

너 때문에 내가 이렇게 됐다는 건 옳지가 않다.

누구라도 자신 속의 자신이 자신을 만드는 것이다.

맞는 말이다.

백 번을 말해도 맞는 말이다.

하지만 너 없이 빚어진 나는 없다.

사람은 누구나 너 또는 당신을 통해 태어나고 너 또는 당신을 통해 길러진다.

너 또는 당신을 통해 동그랗게도 네모지게도. 올곧게도 구부러지게도.

비상하기도 추락하기도 한다.

그럼에도 끝까지 자신 곁에 남는 건 자신뿐이다. 책임 또는 증명이라는 이름으로.

그러니 제발 잊어라.

이른 아침 잠자리 속에 누워 듣던 엄마의 도마 소리에서 느껴지던 포근함도.

가마솥이 끓어 넘치던 시래기 된장국의 공포도 이제는 상관없는 일이라 잊고 살아라. 다 잊고 제발 아프지 마라. 마음도 육신도 아프지 마라.

너 때문이었다고 포악을 해도 괜찮다.

아프지 마라.

영 옳은 데라곤 없어도 괜찮다.

아프지 마라.

자기 자신을 아프지 않게 간수하는 것이야말로 옳은 것 중 가장 옳은 일이다.

옳기 위해서 아파왔다면 이제는 제발 그러지 마라.

옳지는 않아도 좋으니 아프질랑 말아라.

영희가 된장찌개에 넣을 파를 썰고 있는데 철수가 해맑아진 얼굴로 주방 안으로 들어왔다.

"왜? 목말라? 물 줘?"

"아니."

"배고프구나. 요즘 통 뭘 못 먹으니. 된장찌개는 먹으려나 싶어 끓이는 중인데."

"도마 소리 땜에."

"왜? 도마 소리 땜에 깼어?"

"아니, 나는 도마 소리가 듣기 좋아."

"안 시끄러워?"

"도마 소리가 나면 안심할 수 있었어. '엄마가 집에 있구나. 아직 집에서 뭔가 만들고 있구나. 아직은 안심해도 되는구나.' 엄마가 집에 있을 때는 형도 매질을 쉬었어."

"엄마가 집에 없을 때만 때렸구나."

"형도 엄마가 눈에 안 보이면 불안해댔어. 불안해 미칠 것 같다고 했어."

달래랑 무치려고 씻어 두었던 오이를 집어 반을 뚝 분질러 내밀어 본다.

"먹을래?"

철수가 영희의 손에서 받아든 오이를 입에 넣고 씹자 '아사삭' 경쾌하고 맑은 소리가 난다.

"상큼하네. 오늘 시장에 나온 건가봐."

"같이 할래? 찌개 끓는 동안 이거 썰어 볼래?"

"나 칼질 잘해. 중국집에서도 있었거든. 형한테 잡혀오지 않았다면 지금쯤 주방장이 돼 있을지도 몰라."

족제비 잡기, 아이스께끼 장사, 중국집 주방 심부름, 목부, 기차 안에서 물을 팔다가 공안한테 들켜 뛰어내린 적도 있었다고 했지. 아마.

당신이란 사람. 그 너덜너덜한 이력으로 참 잘도 살아냈구나.

무엇 하나 제대로 할 줄 아는 것 없이 오늘까지.

엄마가 집 안에 없다는 것을 확인하는 순간 얼마나 끔찍하고 얼마나 무서웠을까?

그런 뜻이었구나. 내 곁에 있어 달라는. 아무데도 가지 말고 내 곁에만 있어 달라는. 여자는 절대로 집 밖에 안 내보내고. 같은 반찬이 두 번 상에 오르는 걸 용서 못하는 그 괴팍의 유래가 거기였구나.

매일매일 도마 소리를 들려줄게. 아프지 마라. 철수야.

안심할 수 있도록. 마음 놓을 수 있도록. 도마 소리를 들려줄게.

그러니 아프지 마. 제발 아프지 마라. 철수야.

영희. 성자랑 둘이 카페 이데아 이 층 창가에 앉아 지나가는 사람들을 내려다보고 있었다.

젊은 남자가, 늙은 여자가, 아는 사람이, 모르는 사람이, 유모차를 밀고 있는 젊은 남자 옆에 젊은 여자가, 지팡이를 짚은 늙은 여자가,

그리고 이어폰을 꽂은 채 걷는 젊지도 늙지도 않은 남자 최가, 지나가고 있었다.

여전하구나.

여전히 온화하고, 여전히 느긋하고, 여전히 태평하고….

"영희 너, 괜찮니?"

성자가 영희에게 물었다.

'괜찮을 리가. 일억이 날아가고. 남편은 주저앉고…. 너라면 괜찮겠니?'

"저기 아는 친구가 지나가는데, 반갑다는 인사를 해야 하는데, 목소리가 안 나온다. 창문을 열고 '반갑다 친구야' 소리쳐야 하는데 몸이 안 움직이네."

"몸의 항명. 가끔은 몸이 하는 소리에 귀를 기울여 봐. 몸이 하자는 대로 해 봐. 창조질서 위반인 거 같아도 의외로 편해져. 잘 살아져."

"성자야. 나, 괜찮아. 괜찮아. 나."

"알아. 조영희가 누군데? 괜찮지 그럼. 괜찮고말고. 알아. 너 괜찮은 거."

"철수가 도마 소리를 들으면 안심이 된대."

"알아. 그 얘긴 벌써 했잖아. 안다고. 그냥 커피 한 잔 같이 마시는 것뿐이야."

"너무 써."

"커피가 원래 좀 써. 우리네 인생처럼. 쓰지만 향기롭잖아."

"아니, 그냥 써."

"사람은 보는 거리에 따라 달라. 멀리서 볼 때와 가까이 볼 때. 일 미터 앞에서 볼 때와 백 미터 앞에서 보는 건 많이 달라."

"나이가 몇인데 아직도 향기를 믿니? 커피는 그냥 쓴 거야. 커피는 쓴맛이 그리울 때 마시는 거야. 인생의 쓴맛을 알아야 할 때 마시는 거야."

"천천히, 천천히. 그 쓴 걸 왜 단숨에 마시려 드니? 더 쓰게. 힘든데 꼭 단숨에 뛰어넘을 필요 있어? 천천히."

단숨에 마셔도 한 모금씩 천천히 마셔도 커피는 커피. 실패는 실패다.

영희가 중얼거렸다.

"사라지는 최의 뒷모습을 보니 확실히 알겠다. 내가 실패했다는 걸."

영희는 생각했다.

아무것도 하지 않는 철수를 수발하며.

무엇이 나를 실패하게 했는가?

최?

어디선가 들은 것 같다.

친구란 나의 슬픔을 등에 진 자를 일컫는 말이라고.

남편 철수와 내가 가장 힘들 때, 아니 가장 힘들게 해 놓고 떠났으니 친구가 아닌 것은 확실하다.

그렇다고 나쁜 사람? 그것도 아니다.

최.

그는 누구인가?

위기의 순간마다 나타나 남편 철수의 분노를 잠재우던 그는 누구인가?

늘 어디론가 가는 중이었고, 가다가 들른 사람이었고, 가다가 되돌아온 사람이었고, 가다가 소리를 들었던 그 사람 최는 누구인가.

그는 그저 다른 세상의 다른 사람이었다. 책임이라는 세금을 납부해 본 적이 없는 선비나라에서 온 서울 사람.

최가 아니면 무엇인가?

무엇이 나를 실패하게 했는가?

최를 분리하고 남편 철수의 당 수치를 들이대 보아도 실패는 엄연한 현실이다.

"성자야! 이상하지?"
"뭐가?"
"사람이 이만큼 망가지는 데는 필연적으로 등장하는 게 있잖니? 그게 그렇게 될 수밖에 없는 이유. 나쁜 놈, 나쁜 년, 나쁜 사람. 근데 나한테는 그런 게 없어."
"미친년! 너는 사람이 죽을 때 암 안 걸리면 다 자연사하는 줄 알지?"
"암 사망률이 높은 건 사실이잖아."
"죽는 길은 여러 가지야. 빙판도 아닌데 넘어져서 뇌진탕으로 죽을 수도 있고, 징검다리를 건너다 미끄러져 물에 빠져 죽을 수도 있고, 진드기에 물려 죽을 수도 있고."
"요즘 징검다리가 어딨냐? 그리고 나 망한 얘기 하는데 갑자기 죽는 길은…."
"망하는 거나 죽는 거나 다를 거 없어. 호랑이한테만 잡아먹히는 게 아니라 진드기한테도 먹혀. 운 나쁘면."
"본사 사람들은 친절했고, 배송을 맡은 회사 직원은 성실했으며, 손님들은 유쾌하고 쌈빡했다고. 질척거리는 거 하나 없었어."

"영희야. 좋은 사람은 해롭지 않다는 거 통념일 뿐이다. 아니, 좋은 사람에 대한 정의부터가 문제야. 좋은 사람은 나쁜 일 안하는 놈이 아니라 책임지는 사람이다. 손에 피 묻는 거 싫어서 일찌감치 숨어버리는 놈이 아니라 아랑곳하지 않고 책임지는 사람! 알겠니? 책임지는 사람은 늘 고되고 망하게 돼 있어. 너처럼."

"내가 좋은 사람이란 얘기니?"

"너, 말 드럽게 안 들어쳐먹다가 매번 제 발등을 찍는 바보 멍청이라고."

"알아. 니가 말렸던 거. 달중이 패거리 원단 빼내는 거 막자는 것도 말렸고, 쌀국수 장사도 말린 거 알아."

"알면 뭐? 들어먹지도 않는 거. 남자 복이 없는 건가. 어떻게 사람을 만나도 꼭, 사람은 좋은데 책임질 줄을 모르는 놈, 책임은 안 지면서 착하기만 한 놈, 책임도 안 지고 착하지도 않은 놈, 책임도 안 지고 착하지도 않으면서 아프기까지 한 놈."

"야! 너 가. 니 신랑 기다려."

"왜? 나 보내고 남편 철수가 기다리는 집으로 돌아가려고? 가서 도마 소리 들려주려고? 도마 소리 듣고 안심하라고 열심히 도마 두들기려고?"

그럴 것이다. 책임질 줄도 모르고, 착하지도 않으면서, 아프기까지 한 데다 구박까지 하는 남편이지만 자신은 도마 소리를 내야 한다고 영희는 생각했다. 도마 소리를 내서 철수가 안심하게 해야 한다고.

3. 오르막이 끝나, 날겠다고?
그 꿈 원래 내 것이었어

"교육 가셔야죠."

"나는 저…."

"같이 가요."

"우리 집 이가…."

"가게 앞으로 갈게요."

심심한가?

넘치게 사람 많을 텐데. 사람들은 잘되는 사람 기가 막히게 잘들 알아보잖아. 누가 잘나가는지. 커피 한 잔을 마셔도 누구랑 마셔야 폼이 나는지. 뽀다구가 나는지, 너무나 잘 알거든.

궁금한가?

실패한 사람의 꼬락서니가 궁금해서 확인하고 싶은가?

일억을 날리고, 남편을 주저앉힌, 모양 빠진 내 꼴을 기어이 보고 싶은 것인가?

"가게를 하나 더 냈다면서요?"

"아! 별거 아녜요. 세금 때문에. 사업자를 둘로 나누다 보니 새 이름이 필요해서. 어차피 같이 하는 거 아들 이름으로 간판 하나 더 달게 된 거죠. 뭐."

'좋겠다.'

"지금도 떡 해서 동네 노인정마다 돌아요?"

"가끔 한 번씩 들르죠."

"아파트관리실이랑. 부녀회장들도 찾아다니고?"

"바뀔 때마다. 지속적인 게 좋잖아요. 평소에는 문자로 해요. 단체알림 문자. 회원명부 작성해 놓으면 좋아요. 요즘 바쁘세요?"

"그럼요. 남편에게 퇴짜 맞은 밥상도 다시 차려야 하고, 양말도 찾아 대령해야 하고, 다음 끼니 상에 올릴 새로운 반찬거리 걱정도 해야 하고."

"바깥 사장님께서 까다로우시구나."

"내 남편은 소중하니까요. 그쪽은 바쁘죠?"
"그럼요. 우린 계절을 별로 안 타요."
"좋으시겠어요. 하긴 이미 기업이니까 뭐."

"떡 교육. 우리 집에서 할 수 없냐고 묻는데 내가 싫댔어요. 시간이 좀 있는데 가다가 어디 좀 들렀다 가도 되죠?"
'그래. 남의 차 얻어 타고 가는 주제에 안 되면 어쩔 건데.'
"그러세요."
미장원 앞에서 내려 떡 한 팩을 들이민다.
"여기까지 오는 길에…."
"아! 뭐."
'새삼스럽게 뭘.'
떡을 받아든 미장원 원장이 가위를 손에 든 채 바이 바이를 한다.
"이 동네 주문을 책임져 주는 언니에요."

"잠깐만 기다리세요."
이번엔 목욕탕이다.
"목욕탕에서 미숫가루 단체 주문이 들어와서요."
미장원, 목욕탕, 동네 노인정, 아파트관리실, 부녀회장….

사람 모이는 곳을 귀신같이도 파고든다.

"모임이 열두 개라니까요. 여성회관, 노인회관, 병원, 이 떡은 병원에서 먹어 보고 주문을 했더라고요."

"영업은 이렇게 하는 겁니다."

오늘 교육은 이걸로 충분한 거 같다. 모임에서 만나고 기회 닿을 때마다 들여다보고 챙기니 잘 될 수밖에.

"시내 손님이 많네요."

"우리가 원래 여기서 나고 자랐어요. 일가친척들이 안 낀 데가 별로 없고요. 우리가 아는 사람은 다 우리 영업 사원이라고 보시면 돼요. 우리 시댁이 원래 시내에서 떡 방앗간 하셨고요. 하루에도 두서너 번은 시내를 돌아야 해요. 우리 아들이 힘들어 죽는다잖아요. 우리 집 손님 대부분이 시내 손님이에요. 시골은 철을 타잖아요. 시내는 그런 게 없어요. 먹고 싶으면 먹는 거죠. 식사 대용으로 대놓고 먹는 분들도 있고. 그래서 우린 놀 틈이 없어요."

'좋겠다. 철수도 그 동네에서 나고 자란 사람인데. 나도 철수에게 그런 걸 기대했었는데. 나는 안 됐는데 너는 되니 좋겠다.'

"힘 안 드세요?"

"아뇨. 난 재밌어요. 떡 만드는 것도 재밌고 사람들 만나는 것도 재밌고. 남편과 아들도 열심이구요."

좋겠다. 정말.

여자는 집밖에 안 내보내는 가풍 때문에 운전도 못 배우고, 주부대학도 못 가고, 이런저런 모임에도 못 끼고. 그렇게 밀려난다. 조금씩조금씩.

나는 안 된다니 네가 나가라. 나, 열심히 배워 맛난 떡 만들겠다.

떡집이니 맛있는 떡 만들어 놓으면 성공 못할 이유는 없다고 믿었었다. 순진했지.

왕복 네 시간씩 전철을 타고 육 개월을 서울로 떡 공부를 하러 다녔다.

우리나라 마지막 수랏간 상궁을 찾아 궁중음식을 배우고 한 꼬집을 계량, 수치화 시켜 레시피라는 걸 탄생시킨 분. 무형인간문화재 일호 황혜성. 나는 그분이 운영하는 궁중음식연구 병과원을 수료. 시험을 거쳐 수료증을 받은 졸업생이다.

레시피로 승부하던 시대는 지났다. 더구나 떡은.

떡을 이루는 기본 축은 쌀, 소금, 물이다.

기본 축에 거기에 퓨전이라고도 하고 응용이라고도 하는 옷이 입혀지고, 그것들이 영업 전략이라는 날개를 달고 날아올라 시장을 주도한다. 몸에 좋다는 거. 새롭고 귀한 것. 전통적인 것.

내가 몰라서 이 꼴인 줄 아니? 내가 노력하지 않은 줄 아니? 내게 열정이 없었던 줄 아니?

아는 것과 실행하는 것. 세상은 아는 사람들이 아니라 실행하는 사람들 편이거든.

"안 돼. 안 돼."
"싫어. 싫어."
"못해. 못해."
영희 남편 철수는 그래도 되는 줄 알았다.
안 해도, 못 해도 지켜질 줄 알았다.
아픈 사람이니까.
상처가 있는 사람이니까.
근데 지금 보니 세상은 아픈 사람이 아니라 잘하는 사람, 잘하되 기분 좋게 잘하는 사람, 보고 있으면 기분이 좋아지는 유쾌한 에너지를 발산하는 쪽으로 기울고 싶어 한다. 우울한 이철수.

강의 시간 네 시간을 못 채우고 강연장을 빠져 나오는구나.
너는 밀려드는 주문 전화 때문에.
나는 왜 안 오느냐고 보채는 남편의 성화 때문에.

영희가 피식 웃었다.

'사는 거 참 엿 같네.'

너도 웃는구나. 살아볼수록 살맛이 나는구나, 하는 얼굴로.

"나 때문에, 미안해서 어쩌죠?"

"김옥희 두텁떡 나, 십오 년도 전에 마스터했어요."

"그래요?"

"그분 그때도 유명했으니까요. 치즈찰떡은 거품기 사야 할 것 같고요."

"우리 아들을 그분한테 보내야 될 것 같아요. 보내서 직접 배워 오라고."

"내 옆에 앉았던 그 사장님이 쑥떡으로 유명한 그분이라네요."

"아! 그 떡요. 우리도 그 쑥떡 해요."

"그분한테 배웠어요?"

"아뇨. 우리 집에 어떤 스님 한 분이 손님으로 오셨는데 그 사장님 얘기를 하시더라고요. 자기가 쑥떡 만드는 법을 얘기해 줬더니 그대로 해서 대박 난 집이 있다, 그러니 한번 해 봐라, 그래서 해 봤는데 반응이 아주 좋아요. 요즘 우리 주문 들어오는 거 다 그거라니까요. 우리 신랑 그 쑥다 뜯어 대느라고 엄청 힘들 텐데 신난대요. 그분한테 배운 건 아니고 그 집에 가 본 적도 없지만 그 떡은 우리도 해요."

기회가 닿으면 절대 놓치지 않는다?

"어! 버섯 좀 땄어? 그래? 조심하고. 남편이에요. 버섯이 생각보다 많다네요. 자고 오랬더니 늦게라도 오겠다네요. 우리 남편은 귀찮게 하는 게 없어요. 밥도 자기가 챙겨 놓고 나 부르고. 빨래도 빨아 널고. 청소기도 잘 돌려요. 그런데도 남편이 없으면 왜 이렇게 편하죠?"

버섯이 오면 나눠 담은 버섯을 싣고 시내를 누비겠구나. 남편이 강원도에서 갓 따온 버섯이에요. 그 버섯을 받아든 사람들. 주변에 누구 떡 먹을 사람 없나 저절로 찾게 될 것이다.

"소득은 있네요. 천안의 김옥희를 만났으니."

"왜 그러세요? 자제분들 잘 키워 놓으시고. 우리 아들은 태권도 선수였어요. 허리를 다쳐 운동 못하게 됐다는데 어쩌겠어요? 저는 힘들다지만 잘 했다 싶어요."

"자식들 잘 키워놓으니 떠났죠. 손님들 떠나는 걸 보고 커서 그런지 훨훨 잘들 날아갔어요."

"부러울 게 없으시죠 뭐. 나도 내 아들 운동 계속할 수 있었으면…"

"지금 이뻐 보여요."

"잘 지내요. 언니처럼 모시고 다닐게요."

"고마워요."

고마워요. 내가 꾸던 꿈을 이루는 그대가 있어 세상은 아직도 아름다운가 보오.

씩씩한 그녀, 보기가 좋다. 부러워서 눈물이 날 만큼.

속없이 좋다. 네 안에서 화알짝 피어오른 내 꿈을 훔쳐볼 수 있어서.

떡 판 앞에 선 당당하고 멋진 너. 내 오랜 꿈이었어. 이루지 못한.

4. 최고서

"등기 우편?"
"예, 사모님."
"아! 동원 푸드?"
맞아. 현실이었지. 현실에는 대가가 생략되는 법이 없지.
실패에 따르는 대가.
봉투를 뜯어 꺼낸 종이를 펼쳤다.

최고서
'후후 올 것이 왔네. 안 보여서 사라진 줄 알았던 적이

나타난 것 같은 당혹감.'

수신자:
발신자:

제목: 물품 대금 채무 이행(변제) 최고

1. 귀하는 당사와 체결한 거래약정에 의해 발생한 물품 대금을 정해진 지급조건에 따라 변제하여야 하나 모월 모일 현재 *******원의 미납대금이 존재합니다.

2. 이에, 당사는 정해진 지급조건에 따른 물품 대금의 지급을 모월 모일까지 지급하여 주실 것을 최고하오니 아래의 계좌로 기한 내 변제하여 주시기를 당부드립니다.
-이미 납부하셨다면 본 내용은 무시하셔도 됩니다-
(모모은행 *****-**-*******)

3. 만약 최고 기일까지 위 물품 대금을 변제하지 않으실 경우, 당사는 부득이 당사의 규정에 따라 채권회수를 위한 담보 청구 및 법적 조치 등을 취할 수밖에 없음을 알려드리며, 더불어 법적 조치 시 이에 수반하여 발생하는 비용까지도 모두 귀하께서 부담하셔야 할 것입니다.

4. 따라서, 귀하께서도 이러한 점 양지하시고 불미스러운 일이 발생하지 않고 원만히 해결될 수 있도록 협조 부탁드립니다.

모년 모월 모일

주식회사 *****
대표이사 ***

ㅁㅁ은행.
◇◇은행.
○○농협.
△△은행.
신협.
새마을 금고.
각종 보험증권들.
잔고 없는 통장만 수두룩하다.
일주일.
어떻게 하나?
먹는 걸 줄일까?
좀도리 쌀 모으기 운동이란 게 있었다.
작은 항아리를 준비해 놓고 밥을 안칠 때마다 쌀 한 줌씩을 항아리에 모은다.
그렇게 모아진 쌀로 병아리를 산다.
병아리가 자라 알을 낳으면 그 알을 부화시키고,
알에서 깬 병아리들을 키워 돼지를 산다.
돼지를 키워 새끼를 내고 그 새끼를 팔아 소를 사고….

고전적 재산증식 방법이었나.

언제?

일주일이 지나면 법적 조치에 들어간다는데.

"채권팀 ***님이신가요?"

"예."

"저 오늘 최고서 받았는데요. 제가 사정이 좀 생겨서…."

"그 사정 제가 들을 이유는 없고요."

"아! 예. 제가 가진 돈이 모자라서 부족한 액수 변제일자를 좀 …."

"그런 얘기를 우리한테 하면 안 되죠. 우린 채권업무만 담당합니다."

"그럼 어느 부서에 알아보면 될까요?"

"영업 담당한테 물어 보시던가요."

"시간을 얼마나 늦춰 달라는 건가요?"

"보름요. 십오 일이면 다 해드릴 수 있어요."

"더 늦으면 안 됩니다. 십오 일 이전에 끝내주세요."

"고맙습니다. 꼭 지키겠습니다."

약속했고, 그 약속 지켰는데…. 아니다. 최후 약속기일이

며칠 남았고 그 약속도 지킬 건데.

"사모님, 등기 왔는데요."

"등기? 웬 등기?"

"서울보증에서 왔네요. 내용증명인 거 같은데요."

제목: 보험사고 발생 안내 및 사실관계 확인(요청)

1. 귀하(사)의 무궁한 발전을 기원합니다. 귀하가 **푸드를 피보험자로 하여 체결한 이행상판보험계약(증권번호: ***-***-*************)과 관련하여 피보험자로부터 보험금 청구가 접수되었음을 알려드립니다.

청구사유: 채무불이행

2. 귀하께서는 피보험자의 청구 내용이 사실과 다르거나 청구 내용에 대하여 이의가 있으실 경우 의견서를 제출하여 주시기 바랍니다.

3. 귀하의 의견 제출이 없는 경우, 우리 회사는 피보험자의 보험금 청구에 대하여 귀하의 이의가 없는 것으로 간주하고 보상심사 절차를 거쳐 보험금을 지급하게 되며, 보험금을 지급하는 경우 종합신용정보집중기관인 한국신용정보원 및 신용정보회사 등에 대위변제, 대지급 정보를 등록하고 등록 후에는 동 기록으로 인해 금융상 불이익이 발생할 수 있음을 알려드립니다.

4. 아울러 보험금 지급시 보험계약과 관련하여 예치된 예금담보

가 있는 경우에는 동 담보로 변제충당하며, 남은 채무액이 있는 경우 주계약자나 연대보증인은 동일한 입장에서 채무를 변제하여야 함을 알려드립니다.

분명 지급 일자를 늦춰 준다고 했는데. 사전에 동의받았는데.

아! 이게 뭔가?

집도 땅도 없었지만 그때는 내 말이 통했었는데.

"일주일만 쓰고 갚아 드릴게요. 한 달만 쓰고 드릴게요"라고 내가 말하면 아무도 의심하지 않았고 아무도 거절하지 않았었는데.

은행 돈을 빌려 쓸 처지가 되기 전 영희 삶의 목표는 무슨 일이 있어도 그 사람들의 믿음을 저버리지 않고 신용을 지키는 것이었다.

그때는 내 말이 곧 신용이었는데. 안 된다고 했으면 어떻게든 갚았을 텐데.

그때도 안 받아본 내용증명이 날아들다니.

이 와중에 영희 남편 철수는 어쩌면 저다지 한결같게도 우울모드 인색이실까.

5. 단수 예고서

　냉엄한 현실 또 하나가 영희 앞에 고개를 내밀고 다가왔다.
　매순간 나타나 실패를 확인시킬 작정인가.
　노란 종이에 박힌 커다란 다섯 글자.

　단 수 예 고 서

　이건 또 무슨 일인가?
　남편 철수가 볼까 서둘러 문에 붙은 종이를 떼어 주머니에 넣었다.

단수예고서

수용가 번호: *** *** **** **
주소 성명: ** ** ** ***
체납기간: ****년 *월~****년 *월까지
체납액: **,***원

귀하는 위와 같이 상하수도요금 체납으로 천안시 상수도급수조례 제43조의 규정에 의거 단수처분대상 수용가입니다.
****년 *월 *일까지 납부하지 않을 시 단수 처분 조치를 하고 채권 확보를 위해 귀하의 재산을 압류코자 합니다.
또한 관허사업대상자는 지방세 기본법 제65조 및 천안시 상수도급수조례 제52조에 의거 허가의 정지 또는 취소대상이 될 수 있음을 알려드립니다.

수도세를 못 내면 몇 가지 법에 걸리는 거야?
추락의 끝은 어디인가?

영희 남편이 잠든 다음 폐허가 된 전쟁의 흔적들을 정리하기 시작했다.

물품대금 채무 이행최고가 끝이 아니었구나. 내용증명이 끝이 아니었어.

망해 본 적이 없어서.

그동안 잘살았는데. 느지막이 이게 무슨 망신살인가?

수도세.

전기세.

가스요금.

통신료.

정수기 렌탈료.

발권기 사용료.

참 많이도 걸려 있구나.

이들이 다 법을 들고 나오면 나는 도대체 무슨 조례 몇 조에 의거된 얼마나 많은 법에 저촉이 될까? 민주시민이 경제사범 되는 거, 일도 아니구나.

명장이 되지도, 대사업가로의 변신도 하지 못했지만 나름대로 성공한 떡 인생이었다. 방 한 칸 땅 한 평 없던 남편에게 빈손으로 시집 와서 집 짓고, 땅 사고, 자식 키우며, 먹고 살았다. 새벽 잠 설쳐가며 동동거린 덕분이었다.

대출을 좀 받긴 했지만 집도 지었고. 추가 대출을 받아야 하나?

이만큼 살면서 아직도 지인들 찾아다니며 돈 좀 빌려달라고 사정을 해야 하나?

일 저지르기 좋아하는 벌을 이렇게 받는구나.

쌀국수 집은 망했고, 남편은 아프고, 통장은 있는 대로 바닥이 났고, 청구서는 쌓이고…. 총체적 난국이었다.

손님이 줄면 줄어드는 대로 떡집이나 하지. 무슨 놈의 쌀국수 장사를 한다고….

지나간 일은 지나간 일로. 눈앞의 현실을 직시해야만 한다.

그동안 방앗간을 비우고 양쪽을 오가며 등한시해온 표가 여기저기 드러난다.

주인의 마음이 뜨니 손님 마음이 뜨는 것은 순식간이다.

서울서 온 연탄공장 직원들이 "나 돌아갈래"를 외치며 평생을 여기서 늙는 것을 훔쳐보며 영희 자신 또한 그만두자, 그만두자 해 온 건 아닌지 면목이 없다.

기왕에 하는 것 뼈를 묻을 각오로 매달렸던 초심을 지켜야 했는데. 이게 아니면 죽는다는 각오를 버리지 말았어야 했는데.

"쌀국수 집은 안 하세요?"
"우리 집 이가 몸이 많이 안 좋아요."
"왜요? 어디가 많이 편찮으세요?"

"당뇨에 한약을 먹인 게 잘못됐대요."
"그래요? 누가 먹였는데요?"
"내가요."
"많이 안 좋으세요?"
"좋아지고 있어요."

그동안 철수는 많이 좋아져서 먼저 나서지는 않아도 산책로를 걷기도 하고 그런 대로 밥도 잘 먹었다. 텔레비전을 보거나 손님들하고 얘기하다가 가끔씩 웃기도 했다.

일억은 날아가고 영희는 각종 청구서와 최고서 예고서에 발목이 잡혀 낑낑거리고 있었지만 괜찮았다. 남편 철수가 하루하루 좋아지고 있었으니까.

"아저씨 좀 어떠세요?"
"나아지고 있어요."
"아저씨 나으시면 쌀국수집 다시 하실 건가요?"
"아직은 잘 모르겠어요. 쌀국수집보다 남편이 더 소중하니까요."
"그럼요. 물론이지요."

그러면서 영희는 혼자서 고민했다. 쌀국수집으로 돌아갈까 말까.

남편 철수가 조금만 더 힘을 내주면. 힘을 내어 제 몫을 감당해 준다면.

다시 보아도 아까웠다.
보고 또 봐도 아까웠다.
어떻게 이런 가게를 이렇게 잘 차려 놓고 놀리냐?

"여보세요."
"고객님! 웅진코웨이인데요."
"그런데요?"
"결제일이…."
"그래서요?"
"오늘 지나면 추가요금…."
"그러세요."
"네."
"그러시라고요."
　전화를 끊은 영희가 뇌까렸다.
　'당신에게 화가 난 것은 아닙니다. 정수기 렌탈 요금까지 독촉받아야 하는 나 자신에게 화가 나서 견딜 수가 없을 뿐입니다. 그러니 내가 다소 무례했더라도 당신이 좀 참아 주십시오. 망해 버려서 정수기 렌탈 요금을 밀리는 사람 심

정은 오죽할까 생각해 주십시오.'

 그래도 철수가 별말 없이 밥을 먹어 주어서 고맙다.
 밥 잘 먹고 힘이 나면 뭔가 다른 꿈을 꿀 수도 있을 테니까.

6. 최, 철수를 찾아오다

"안녕하십니까?"

기름병 뚜껑을 닫으려던 영희가 멈칫 움직임을 멈췄다.

환청인가?

다음 순간 가슴 한가운데서 쿵하고 뭔가 내려앉는 소리가 들리는 것 같았다.

'최구나. 최가 왔구나.'

목소리의 주인이 최라는 것을 깨닫는 순간 영희에게 두 가지 마음이 일어나 부딪히기 시작했다.

'왔구나.' 가슴이 먹먹해지는 마음 하나.

'지가 어떻게 여기를 와? 여기가 어디라고 기어들어 와?'
하는 마음 하나.

'아니지. 이러는 건 아니지. 내가 마음을 다잡아야지.'

뒤를 돌아보기 전 먼저 눈을 크게 떠 앞을 똑바로 응시한다.

베이비 색 페인트 위에 더께진 기름때를 향해 두 눈을 치떠 부라린다.

"네 이놈! 여기가 어디라고!" 호령을 하는 마님처럼.

그런 다음 최가 있는 쪽으로 고개를 돌린다.

고개는 돌렸지만 눈을 마주볼 용기까지는 나지 않는다.

엇비켜 흔들리는 눈길에 남편 철수의 모습이 잡힌다.

영희 자신보다 더 놀라고 당황한 것 같은 얼굴이다.

"어서 와라. 오랜만이다."

가슴이 뛸 텐데. 많이 쿵쾅거릴 텐데.

철수가 뻣뻣하게 굳은 얼굴에 나타나는 당혹감을 감추지도 못한 채 손을 내밀고 있었다. 철수가 내민 손을 최가 두 손으로 덥석 싸안아 움켜잡았다.

"잘 지냈어? 형."

저 변함없이 조용한 목소리. 아무런 위험도 감지되지 않는 저 무색무취한 목소리. 다시금 가슴이 먹먹해진다.

"뭐 그렇지. 너는 잘 지냈냐?"
"그냥."
그럴 거면서. 아무렇지 않게 씩씩하지도 못할 거면서.
"일은 하냐?"
"아직. 아이, 몰라."

영희는 무슨 대답이 그러냐고 묻지 않았다. 괜찮으냐고 묻지 않았다.
괜찮지 않은들 일억 이자에 각종 청구서에 파묻혀 버린 자신만큼 괜찮지 않겠는가.
잘 지내느냐고도 묻지 않았다.
잘 지내지 못한다 한들 공황장애 남편을 지키는 자신만큼이야 잘 못 지내겠는가.

"한 번도 못 갔어요."
울먹거리지 마라. 제발. 장수는 목이 달아날망정 울먹이지 않는다.
"그쪽으로 갈 수가 없더라고요."

'이제 알겠니? 네가 무엇을 버렸는지를.'
아꼈던 사람 최에게 죄목을 달아 준다.

기량을 아낀 죄. 전장을 버린 장수.

남들은 모를 수도 있어.

네 잘못 아냐, 상황이 그랬잖아, 형편이 그랬었다고, 남들은 그렇게 말할 수 있어.

세상 모든 사람이 네 탓이 아니라고 감쌀지라도 동의할 수 없는 한 사람.

바로 너.

너만은 알지.

자신이 얼마나 비겁하게 도망쳤는지 자신은 알지.

최 당신도 신을 믿나? 아니면 요정을 믿나.

당신이 믿는 신이나 요정에게 물어보지 그래.

당신은 얼마나 더 열심히 얼마나 더 멀리 도망 다녀야 하냐고.

무엇 때문에.

누구 때문에.

그것이 그래서.

아무개가 어때서.

핑계에 핑계를 더해 가며 도망쳐야 하냐고.

영희는 또 생각했다.

나는 당신에게 아무것도 묻지 않을 것이다.

당신에게 "왜 그랬어?"라는 질문을 던질 수 있는 사람은 당신뿐이다.

왜 그랬어? 그때. 조금 더 참아 보지. 곧 좋아졌을지도 모르는데.

왜 그랬어? 그때. 좋은 것들이 준비되어 있었는지도 모르는데.

왜 그랬어? 그때. 도우려는 사람들이 대기하고 있었는지도 모르는데.

부디 그 모든 우문에 현답을 찾기 바란다.

잘 가시오. 한때 우리의 오아시스라 믿었던 당신 최.

부디 씩씩하게 사시오.

당당하게 사시오.

그리고 부디 잊지 말아 주시오.

당신은 내 남편 철수가 기억하는 세상에서 제일 좋은 사람이란 걸.

최가 다녀가고 나자 철수. 또다시 가슴을 움켜쥐고 주저앉는다.

"왜 그래?"

"나도 모르겠어. 간신히 가라앉고 있었는데…."
"아직도 가슴 뛰는 게 안 가라앉아? 약 먹었는데도."
"조금만. 조금만. 진정되고 있는 거 같아."

"많이 힘들어? 최."
"처음부터 나를 형이라고 불렀던 놈이야. 중간에도 변함없이 끝까지."
"대부분 그러지 않아? 한 번 형이면 형 아냐?"
"아니. 나한텐 안 그랬어. 다른 사람 아무도 안 그랬어. 최만 그랬어. 처음부터 끝까지 나를 형이라고 불렀다고. 사람으로 대했다고."

쌀국수집 영업은 종료됐는데 철수의 가슴에는 최가 매달려 있는 것처럼 보였다.

토해지지 않는 가래처럼. 터지지 않는 울음이 되어.

7. 눈의 혈관이 터지고 잇몸이 붓고

최가 다녀간 후 철수는 또다시 블랙아웃 상태에 돌입했다.

가까스로 돌아왔던 밥맛이 사라지고, 기운이 없어지고. 말이 없어지고, 꼼짝도 하지 않고.

"죽 좀 먹어 볼래?"
"싫어."
"힘들게 쒔는데. 조금만…."
"싫다고 했잖아? 싫다고. 이거 당장 안 치워?"

"일어나."

"왜?"

"왜는, 밥 먹어야지?"

"안 먹어."

"왜?"

"안 먹는다고. 내가 먹기 싫다잖아."

하루하루가 지옥이었다.

먹기 싫다는 철수와 먹어야 산다는 영희가 맞붙어 한바탕 전쟁을 치른 후에야 한 끼가 넘어가고, 넘어갔나 싶으면 또다시 끼니가 찾아오는 지옥이 이어지고 있었다.

"이러다가는 내가 지레 죽고 말지."

영희가 중얼거렸다.

화장실에서 나오던 철수가 영희를 불렀다. 들었나?

"왜?"

"이리 좀 와 봐. 눈이 왜 그래?"

"눈? 내 눈이 왜?"

"거울 좀 봐."

거울 앞에 선 영희가 외마디 소리를 질렀다. 왼쪽 눈이 빨간 핏물로 흥건해 있었다.

"아! 이게 뭐야? 내 눈이 왜 이래?"

"어디 부딪혔냐?"

"아니."

"비볐어?"

"아니."

"아파?"

"아니."

"근데? 근데 눈이 왜 그래?"

"혈관이 터졌네요. 피곤하면 그럴 수 있습니다. 처방해드린 약 시간 맞춰 넣으시고 좀 쉬세요."

"쉬기만 하면 되나요?"

"네에. 신경도 튼튼하고 백내장 증상도 아직은 없고. 괜찮습니다."

눈에 고인 핏물이 흘러내리지 않는 게 신통할 따름이다. 흉측하지만 의사가 괜찮다니 영희는 괜찮다고 믿기로 한다. 아니 괜찮아야만 한다. 평생을 해온 생각이지만 우리 집은 내가 괜찮지 않으면 언제고 큰일이 날 것이다. 내가 아니면.

아버지도, 엄마도, 남편도, 자식들도.

"이번엔 치과야?"

"눈은 아프진 않아. 그런데 잇몸이 쑤시고 욱신거려."

"많이 피곤하신가 봅니다."
"네."
"염증치료제 처방해드릴 테니 드시면서 좀 쉬십시오."

역시 의사는 의사다. 고단한 내 인생을 어찌 그리 잘 알아 만나는 의사마다 쉬라는 처방들을 하실꼬.
쉬어. 쉬라고. 안 그러면 당신 죽어.
쉬라고?
어떻게?
내가 쉬면 떡은 누가 하고, 남편 밥은 누가 챙기나?
며칠 문 닫아도 안 굶어 죽고 남편 몇 끼 굶어도 안 죽어. 쉬어.
그렇구나. 그런 걸 모르고 하루라도 문 닫으면 굶게 될까 봐.
한 끼라도 안 챙기면 굶어 죽을까 봐. 그러고 살았네. 바보처럼. 애면글면.
피로가 만병의 근원이라는데. 피로가 쌓이면 죽기도 한다는데.
내가 죽으면 쌀국수집 한다고 진 빚은? 남편 밥은?

다 컸다지만 아직 짝도 못 지어준 애들은?

영희. 머리까지 아파온다.

"나, 병원에 갔다 올게."
"어디?"
"영양제 한 번 맞아볼까 하고."
"많이 아파?"
"잘 모르고 살았는데 몸 여기저기가 터지고, 붓고. 의사들은 자꾸만 내가 피곤한 거라고 쉬어야 한다고 하니. 불안하잖아. 진짜 피곤한 것도 같고. 기운도 없고."
"갔다 와."
"같이 안 가?"
"걸어서 갈 수 있잖아?"
"그래."
"참!"
"왜?"
"젤로 좋은 걸로 놔 달라고 해. 젤로 좋은 거. 젤로 비싼 거."

"피곤한 거야 늘 피곤하죠. 평생 피곤했는 걸요 뭐."

"몇 가지 검사를 좀 해 보죠."

"영양제는?"

"원하시면 놔드리지요 뭐."

'이 양반아, 영양제 정도로 당신 병이 고쳐질 거라고 믿나?' 이런 뜻인가? 영양제에 소극적인 의사의 저 반응은.

"검사 결과는 언제 나와요?"

"이틀 후에요."

"이틀 후에 다시 와요?"

"네, 결과도 보고 선생님 설명도 들으셔야 하니까요."

아!

나는 아프구나. 내가 아프구나.

검사를 받고 결과를 기다리는 나는 환자구나.

결국 나는 환자가 되었구나. 지가 뭐나 된 것처럼 펄럭이다가. 나부끼다가 결국은 환자가 되고 말았구나.

억지로 산책로를 돌고 돌아오는 길에 영희가 남편 철수에게 부탁을 했다.

"당신이 집에 가서 흑삼이랑 간장약 좀 챙겨 올래? 나는 그동안 떡집에서 밥을 챙길게."

"싫어."

'어? 나, 환잔데. 환자인 내가 부탁을 하는데.'

"내가 힘들어서 그래. 오늘만."

"나도 힘들어. 싫어."

횡하니 돌아서 횡단보도를 건넌다.

횡단보도를 건너 맞은편 인도 위로 유유히 걸음을 옮기는 철수를 향해 영희가 악을 썼다.

"야! 이철수. 천 년 만 년 잘 살아라. 나는 이제 더는 너랑 못 살겠다."

악을 쓴다고 썼지만 영희의 목소리는 육차선 차도를 가득 메운 자동차 소음 속으로 흩어져 철수의 귀에까진 전달되지 않은 듯했다.

나쁜 놈. 인정머리 없는 놈. 저 아플 때 내가 어떻게 했는데.

내 약 챙겨 달랬나. 저 먹을 약 좀 챙겨 오라는데.

더도 말고 나 없이 십 년만 살아 봐라.

갖은 욕설과 저주를 퍼부으며 약을 챙겨들고 떡집 문을 열고 들어서니 철수는 텔레비전을 보고 있었다. 그 이른 아침부터 '나는 자연인이다.'

'그래, 이철수! 너. 내가 아프다는데 이렇게 나온다 이거지? 너, 딱 기다려. 내가 아프기만 해봐라. 내가 환자라는 게 밝혀지기만 해봐라.'

손님은 줄었는데 영희의 일은 조금도 줄어들지가 않았다. 밥에, 물에, 커피에, 과일에, 거기다 약까지.

'너, 딱 기다려. 내가 환자라는 게 밝혀지기만 해봐라. 넌 죽었어.'

"식사는 잘 하나요?"
"네."
"소화는요?"
"소화도 잘 돼요."
"변비 같은 것도 없으시고요?"
"예, 없어요."
"식사를 잘 하신다니 다행입니다. 소화도 잘 되시고, 변비도 없으시고."

커서를 움직여 모니터를 살피는 의사 앞에 앉은 채 영희는 생각했다. 병원에 가면 의사들이 꼭 물었다. "식사는 잘 하느냐? 밥은 잘 먹느냐?" 그럴 때마다 영희는 대답했다. "예, 밥은 잘 먹습니다." 그럴 때마다 의사들의 대답은 "식사를 잘 하신다니 다행입니다"였다.

'내가 밥을 잘 먹는 게 왜 다행일까?'

그러고 보니 자신은 참 밥을 잘 먹는 사람이라는 생각이 들었다. 자신은 그 무엇보다도 밥을 잘 먹었다.

꾸역꾸역. 악착같이.

아버지가 죽어 하늘이 무너졌을 때도.

민석이가 죽어 억장이 무너져 내렸을 때도.

자신은 끼니마다 밥을 먹었다.

'밥을 잘 먹는 게 다행이라면 끼니가 나를 지켰다는 뜻인가. 그나마 밥까지 잘 못 먹었다면 당장 죽어버렸을 만큼 어딘가 크게 탈이 났다는 뜻인가.'

영희는 주먹을 쥐고 마른 침을 넘겨가며 의사의 입술을 지켜보고 앉아 있었다.

"놀라지 마십시오."

또는

"아무래도 큰 병원으로 가 보시는 게…"

로 시작될 선고될 병명을 기다리며.

"내시경은 지난번에 하셨고, 괜찮습니다. 빈혈, 없고요. 갑상선 이상 없고요. 당뇨 없습니다. 체지방 수치도 적당하고요. 나쁜 콜레스테롤 수치도 높지 않아요. 비타민 D 부족 아닐까 해서 그쪽도 검사했는데 정상입니다."

"이렇게 아픈데 정상이라고요?"

"한 가지 걸리는 게 좋은 콜레스테롤 수치인데요. 운동 부족으로 보입니다. 운동 열심히 하십시오. 근육 운동을 겸하시는 게 좋습니다. 좋은 생각 하시는 거 잊지 마시고요."

'아! 그럼 나 어떡해요? 환자 될 날만 기다렸는데. 환자가 돼서 다 벗어 버리고 싶었는데.'

내 복에 환자라니, 무슨 횡잰가 했다.

루 떼가 강을 건너고 있었다. 강가에 숨어 기다리던 악어가 아가리를 벌려 지친 루를 삼켰다. 악어가 삼킨 루를 씹어 삼키는 틈을 타 뒤따라오던 루는 바둥바둥 강 둔덕을 기어올라 무리 속을 파고들었다.

네 다리로 새끼를 감싼 어미 기린이 긴 다리를 쉴 새 없이 움직여 몰려드는 사자 떼들을 몰아내고 있었다. 치고, 치고, 치고, 또 치고.

새끼를 지키기 위해 어미 기린은 필사적으로 다리를 움직여 발길질을 해댔지만 굶주린 사자 떼의 공격은 한층 더 집요하고 치밀했다.

사자들의 집요한 공격에 지친 새끼가 발을 헛디뎌 넘어

졌고 사자들은 달려들어 넘어진 새끼를 찢었다. 엄마 기린이 보는 앞에서.

"나쁜 데가 없다는데 왜 이렇게 아프죠? 나, 아파요. 너무너무 아프다고요. 악어에게 삼키운 형제의 뼈 바스러지는 소리를 들으며 도망쳐 나온 루처럼. 자신의 새끼가 사자무리에게 찢기는 걸 지켜본 엄마 기린처럼 나 아파. 아프다고."

나, 이거 우울증 아냐?
이럴 줄 알았다. 그렇게 극성을 떨어대더니 나, 결국 우울증 걸릴 줄 알았다.
우울증 걸리면 막 죽고 싶고 그런다는데, 나 죽는 거 아냐?

8. 나 아파, 모두 모여

 아들도 왔다. 딸도 왔다. 시누이도 왔다. 동서들도 왔다. 조카들도 왔다. 성자도 왔다. 성자의 딸 송이도 왔다. 맨 끝에 머뭇머뭇 들어서는 최의 모습도 보였다. 모두들 "나 아파. 모두 모여"라는 영희의 문자를 받고 허겁지겁 달려들 온 것이었다.

 들어서던 사람마다 두 눈이 휘둥그레졌다.

 영희의 집 거실에 잔칫상이 차려져 있었다.

 "아프다더니 웬 잔칫상…."

 영희가 표정 없는 얼굴로 밥그릇과 국그릇을 쟁반에 내

어 주며 턱으로 자리를 정해 주었다. 사람들이 저마다 영희가 정해 주는 자리에 앉았다. 올 사람은 다 왔다고 생각했는지 영희가 국 두 그릇과 밥 두 그릇을 쟁반에 담아 철수 옆자리로 가 앉았다. 자신의 국그릇과 밥그릇을 먼저 내려놓고 나서 철수 앞에 밥그릇을 내려놓으려는데 철수가 말했다.

"나는 밥 쪼끔만 줘."

"왜?"

영희가 물었다.

"밥 생각이 없어."

"그래? 알았어."

영희가 철수 앞에 내려놓으려던 밥그릇을 뒤집어 그 자리에 엎었다.

"야!"

철수가 소리를 질렀고 모두들 놀란 눈으로 영희를 바라보았다.

"쪼끔만 먹는다며? 퍼서 먹어. 쪼끔만."

식탁에 앉은 영희가 밥숟가락을 입에 넣으며 말했다.

"너, 지금…."

철수가 목소리를 높였다.

"먹고 싶은 만큼 쪼끔만 먹고 버려."

"이게 정말…."

얼굴이 파래진 철수가 씩씩거리며 자리에서 일어선다.

영희, 아랑곳하지 않고 수저질을 하며 말한다.

"먹기 싫음 다 버리든가."

철수. 양쪽 손을 뻗어 식탁을 움켜잡는다. 영희가 대수롭지 않은 목소리로 물었다.

"왜? 엎어 버리게? 아직 식사 다 안 끝났는데."

"에이…."

철수가 식탁을 움켜쥔 손에 힘을 주려는 순간 맞은편에 앉았던 시누이가 자리에서 발딱 일어섰다.

"언니."

철수를 비롯한 사람들의 시선이 시누이에게로 옮겨갔다.

"왜?"

"언니! 우리 오빠 이렇게 구박하고 살아?"

"그런데 왜?"

"뭐라고요? 세상에 우리 오빠가 어떤 오빤데…."

"어떤 오빤데?"

"아니, 밥 생각이 없어서 쪼끔만 먹겠다는데 덜고 주면 되지. 그게 뭐 그리 힘든 일이라고 밥그릇을 엎는대?"

"왜? 내가 왜 그래야 되는데?"

"언니! 오빠 밥을 엎어 버리고 언니는 지금 밥이 넘어가?"

"왜? 밥맛만 좋은데. 나는 내 맘대로 밥도 못 먹나? 시누이 오빠가 굶으면 나도 굶어야 돼?"

"누가 굶으래? 아무리 남편이 시원찮아도 그렇지. 어떻게 남편 밥그릇을 엎어?"

"시원찮아? 아하! 시누이 오빠가 시원찮은 사람이었구나. 그래서 사람 대접을 그렇게 했나? 시원찮은 오빠 마누라라서?"

"무슨 얘기야? 누가 무슨 사람 대접을 어떻게 했다고?"

"생각 안 나시나? 시누이가 나를 어떻게 대접했는지."

시누이가 울 듯한 얼굴로 동서들을 바라보았고 그 눈길을 받은 큰동서가 나섰다.

"아니, 이 사람덜이 이게 뭣짓이랴? 생전 안 하던 짓얼 허는 걸 보면 저 사람 탈이 나긴 크게 난 모양이여. 대체 어디가 어떻게 탈이 난 거랴?"

"형님은 기억하시나요? 나한테 어떻게 했는지."

"이 사람, 왜 이랴? 누가 뭘 어쨌다고 이런댜?"

영희가 일동을 돌아보며 물었다.

"다 잊으셨나요? 나한테 어떻게 했는지 다들 잊으셨나요?"

"야! 너, 이 나쁜 년!"

"뭐? 나쁜 년. 이 언니가 미쳤나?"

"그래, 미칠 뻔했지. 근데 왜 그랬니?"

"뭘?"

"니가 중매쟁이였잖아. 니가 나를 중매해놓고 왜 그랬니?"

"뭐? 뭐? 내가 뭘?"

"니가 나를 느이 오빠한테 중매해 놓고 어떻게 그래?"

"내가 뭘? 어쨌다고 이 난리야?"

"너, 나한테는 가락지 한 짝도 안 해주고 이틀 뒤 막내한테는 금반지, 금팔찌, 금목걸이 세트로 해줬지? 그거 막내한테 몰빵할 게 아니라 나한테도 좀 나눠줬어야 하는 거 아니었니?"

"그거야. 내가 막내 해주면 작은오빠는 언니 거 챙길 줄 알았다니까."

"이틀 전에 알았잖아. 이틀 전 내 결혼식에 이 집안에서 나한테 가락지 한 짝 해주는 사람 없었다는 거 이미 알고 있었잖아? 왜 그랬니?"

"왜가 어딨어? 하다 보니까 그렇게 된 거지."

"그래? 근데 그 뒤 한 번도 나한테 미안한 생각 안 들었니? 그래서 미안하단 말 안 했어? 미안하다고. 어떻게 한다고 하다 보니까 그렇게 됐는데 미안하다고. 그렇게 말할 수 있었잖아. 그런데 너 안 했지? 왜 안 했니? 느이 오빠가 시원찮은 사람이라서? 시원찮은 니 오빠랑 사는 나한테 미안하다고 말하는 거 쪽팔려서?"

"쪽팔리기는 뭐가 쪽팔려? 그냥 살다 보면 잊히기도 하고. 묻히기도 하고. 그렇게 사는 거지. 남들도 다 그러고 살아. 사람 사는 데 서운한 일 없는 사람 어딨어? 그래도 다들 덮고 산다고. 누가 언니처럼 그깟 일을 꽁하니 박아 두고 사냐?"

"그깟 일? 너한테는 그게 그깟 일이었니? 그깟 일?"

"형님은 왜 그러셨어요?"

"아! 아프대서 왔더니면 어디가 고장이 나도 단단히 난 모양이구먼. 사람이 영 못 쓰게 돼 버린 거 같어. 안 허던 짓을 허고."

"왜 그러셨냐고요?"

"내가 뭘?"

"막내네는 예식장 빌려서 떠들썩하게 잔치하고, 우리는 헌 예배당 빌려서 쓰레기 치우듯 해치웠잖아요."

"막내네 처갓집서 합동결혼식은 안 된다 하고. 결혼식을 연거푸 두 번씩 올리기엔 벅차고."

"그렇다면 우리 먼저 해줘야 하지 않았나요? 우리가 손위였는데."

"그거야 막내네 처가가 워낙 쟁쟁한 데다…."

"처가가 쟁쟁했다? 그래서 나한테는 그렇게 할 수밖에 없었다?"

"아! 그딴 게 뭐가 중요해? 잘 살믄 됐지. 아들이 없나, 딸이 없나. 땅에, 집에, 그리운 게 없는 사람이 뭣땜에 지난 얘기를 가지고 이 난린지 모르겠네."

"형님한테도 그깟 일이었군요. 그깟 일."

"형님이 설명 좀 해주실래요? 그 걸레 같은 드레스."

"아! 내가 일부러 걸레 같은 드레스를 빌려 놨겠어? 사진관 놈들이 이쁘고 사진 잘 나오는 걸로 준비할 거니까 걱정하지 말라고. 그래서 알아서 해 달라고 맡겼던 거라니까. 난 잘못 없어. 순진하게 그놈들을 믿었던 게 죄라면 죄지. 그리고 깨끗한 드레스 빌려 입고 식 올려서 이만큼 잘살면서 드레스가 뭔 대수야? 몸 아프다는 사람이 별 생각을 다해."

"작은형님도 그깟 일이라고 하네요. 그깟 일."

그래, 다들 그러고 살았군요. 형한테 좀 맞은 게 어때서.

예식장이 아니면 어때서.

드레스가 좀 너저분하면 어때서.

가락지 좀 빼트리면 어때서.

예식장이 아니었어도 잘 살았잖아.
드레스가 좀 후져도 사는 데 지장 없었잖아.
손가락에 가락지 안 꼈어도 기 안 죽고 살았잖아.
그러고들 사셨군요. 철수랑 영희는 이렇게 아픈데.
나는 이렇게 아픈데.
많이 아픈데.

9. 사람이어라

"이제는 말해야겠습니다. 여기 모인 모든 분들에게. 여러분 모두가 그깟 일이라고 하는 그 일들이 왜 해서는 안 되는 일이었는지. 왜 그렇게 해서는 안 되는 일이었는지 말해야겠습니다. 왜냐면 내가 아프니까요. 그냥 참아내기엔 너무 아프니까요."

"이모! 엄마 왜 저래?"
진아가 성자의 귀에 대고 빠르게 물었다.
"친해 보자고 하는 거야. 지금부터라도 사랑해 보자고.

저 사람들이 영희 말을 알아들을 수 있을지는 모르지만. 제 딴에는 사랑 고백을 하는 거라고."

"사랑 고백은 무슨. 결투 신청 같구만."

"사랑 고백이라니까."

"결투를 신청하는 거라니까."

"세상에 크고 놀라운 일들이 얼마나 많은데 '그깟 일로'라고 말하지 마십시오. 겨우 그깟 일이라고 말하지 말아 주십시오."

"이모! 엄마가 정말 많이 아픈 거 아냐?"

"조용히 좀 해 봐. 저 사람들이 영희가 하는 말 알아듣나 보게."

"사람이 말을 하는데 왜 못 알아들어?"

"느네 집 식구들은 사람이 아니거든."

"이모! 사람이 아니라니?"

"진짜거든. 사람이 아니라 호랑이들이야. 호랑이는 사람 말 잘 못 알아들어."

"왜냐면 우리 모두는 사람이니까요. 사람이니까 그깟 일이라고 말하면 안 되는 겁니다. 사람이니까 사람을 때려 놓고 그깟 일이라고 말하면 안 되는 겁니다. 사람이니까 무시해 놓고 그깟 일이라고 생각하시면 안 됩니다. 차별을 '그깟'이라고 하시면 안 되는 겁니다."

"무시는 누가 누굴 무시했다고…."
"온 집안이 쟁쟁하지 않은 누군가를 무시했잖아요."
"누가 무슨 차별을 했다고…."
"차별했잖아요. 시원찮은 사람을…."
"그게 일부러 그러려고 그랬던 게 아니라…."
"변명 말고 반성을 하셔야죠. 사과를 하셔야죠."

"엄마의 사랑 고백은 끝난 것 같은데 알아들었을까요?"
"사람들 아니라니까."
"자꾸 그러지 마세요. 우리 집안이에요."
"그래서 너도 느리고 어둡잖아. 저래서 나쁜 놈 언제 잡나 싶게. 동료들이 너 느리다고 안 그러냐?"
"아니, 날카롭고 민첩하다고 하는데…."
"하긴. 그 머리하고 그 머리는 또 다를 수도 있으니까."
"내가 도망친 거 아닌 거 아시잖아요. 엄마가 쫓아냈어요. 여기서 이철수 딸 하느라 힘 빼지 말고 이진아로 사는 일에 기운을 쓰라고."
"알아. 그거 아주 잘한 일이야. 모시고 사는 게 효자이던 시대도 아니고. 너는 너 좋아하고 잘할 수 있는 일이 있는데 뭐 땜에 여기 남아? 재능을 썩혀?"

"그럼 뭐예요? 왜 뾰로통하신 거냐고요?"

"기껏 키워 놓으니 저 혼자 큰 줄 알고 잘난 척하는 느이 두 년들 꼴 보기 싫어 그래."

진아가 옆자리의 송이를 보며 어깨를 으쓱해 보였다.

"언니! 잘 좀 해. 나까지 혼나게 하지 말고."

"내가 사람이니까. 사람인 상대에게 해서는 안 되는 일들이 있는 거잖아요. 그래야 '너는 뭐냐?'라는 질문에 '사람이어라' 대답할 수 있을 거잖아요. 사람이니까. 사람이 사람을 때리는 거 안 되는 일이라고 생각했어야 하잖아요. 누군가는 말하는 일에 단호했어야 하잖아요. 강경했어야 하잖아요."

"힘들었잖아. 아버지는 죽고, 장사 나간 엄마는 안 돌아오고, 안 그래도 힘든데 맞을 짓을 하니까…."

"아버지 저 남자가 죽였나요? 저 남자가 엄마 장사 내보냈어요? 맞을 짓? 맞을 짓 하는 놈 때려서 아버지 살려냈나요? 맞을 짓 하는 놈 죽게 패서 엄마 장사 나가는 거 막았나요? 첫째 놈 둘째 놈들 즈이끼리 붙었다가는 둘 중 한 놈이 개박살 나고 말 것 같으니까. 즈이끼리는 상호불가침 조

9. 사람이어라

약 맺고. 막내는 막내라서 불쌍해서 못 때리고. 여동생은 여자라서 못 때리고. 그래서 저 남자 잡은 거잖아요. 저 남자 잡아서 저런 등신 만들어 놓은 거잖아요. 만만해서. 죽어라 두들겨 패도 튼튼해서 오뚝이처럼 잘 살아나고. 죽어라 두들겨 패도 죽기를 각오하고 대들지도 않고. 그래서 더 만만해서. 만만해서 그런 거잖아요?"

"그래서 죽었어? 맞아서 죽었냐고? 안 죽고 잘 살아 있잖아? 팔다리가 부러진 병신이 된 것도 아니고 오장육부 중 어디가 탈이 난 것도 아니고. 형제들끼리 살다가 투닥거리지 않고 크는 집 있어? 형제라고 다 똑같아? 투닥거리다 보면 힘센 사람도 생기고. 좀 억울한 놈도 생기고. 그렇게들 사는 거지. 아프다더니 머리가 아픈가. 다 지나간 일을 새삼스럽게."

"팔, 다리 안 부러지고 배가 터져 오장육부가 흘러나오지 않으면 잘 사는 건가요? 멀쩡한 거예요?"

"아! 그럼 아부지 죽고 동생덜 챙기고 보살펴서 이만큼덜 살게 해줬으면 된 거지. 뭘 더 어쩌야 혔는디?"

"챙기고 보살펴요?"

"아! 오죽허면 때리겄냐고 혔어. 오죽허면. 지 동생 때리고 싶어 때리는 놈 있냐고. 오죽허면 그랬겄냐고."

"근데요. 그 오죽헌 동생 신경 쓸 일 없는 때, 그 오죽헌 동생. 신경 안 쓰셔도 잘 살고 있는 때. 왜 갑자기 죽었대요?"

"아휴! 이모! 사랑 고백은 무슨. 제대로 한판 붙어보자고 덤비는구만. 그래도 그렇지 너무 나간 거 아녜요? 말려야 되는 거 아니냐고요?"

일어서려는 진아를 성자가 잡아 앉혔다.

"맞는 말 하는구면 뭐. 아무리 잘 덮어도 고름이 살 되는 법은 없어. 고름 든 종기는 짜내야 치료가 돼. 고름 든 종기는 터졌을 때 고름을 바닥까지 짜내야 돼. 터트려 놓고 고름을 방치하면 덧나. 더 크게 고생해."

"이 사람이 지금. 아프다니 아파서 그러려니 참고 들으려니 못 허는 말이 없구면. 도대체 무슨 죽을병이 들었다고 이렇게 막나가는거랴? 시방 우리 집 이 죽고 없다고 겁나는 게 없다는 거여? 형덜얼 업신여기는 거여?"

"업신여기다니요. 그런 거 아닙니다."

"아니면 뭐여? 업신여기는 게 아니면, 바쁜 사람덜 불러 놓고 뭐하자는 거여?"

"사과를 받고 싶습니다. 사과하십시오."

"뭐? 우리가 왜 자네헌티 사과를 혀? 때린 것도 형제간

9. 사람이어라 273

일이고 맞은 것도 형제간 일인디 자네가 왜 중간에 나서서 누구보고 사과를 허라마라 혀?"

"때린 당사자가 죽어 버렸지 않습니까? 사과 한 마디 안 하고. 미안하다, 한 마디면 됐을 걸. 그 한 마디면 저 사람 다 용서하고 사람답게 살았을 것을. 안 하고 죽어 버렸지 않습니까? 그리고 나한테도 사과하십시오."

"때린 사람도 안 한 사과를 왜 내가 햐? 그리고 자네헌티는 뭘 사과하라는 겨?"

"세 분 다 나한테 무례했잖습니까? 무례했던 거 사과하십시오."

"세상에. 기가 막혀서. 지나가는 사람 길을 막고 물어 봐라. 형편 안 돼 시집 올 때 좀 섭섭했기로 이러는 자네가 더 무례한가, 내가 무례한 건가. 사람들헌티 물어 보자고."

노기를 띤 철수의 큰 형수가 일전을 불사할 각오로 나서고, 시누이와 둘째 형수가 옆으로 다가가 붙어 섰으며, 진아와 성자, 송이는 자리에 앉은 채 촉각을 곤두세우고 사태를 지켜보고 있었다. 연합군이 된 세 사람은 여차하면 영희의 머리채라도 휘어잡을 자세로 버티고 서 있었다.

일촉즉발의 위기감이 맴도는 가운데 울음소리가 터져 나왔다. 모두들 고개를 돌려 소리 나는 쪽을 바라보았다.

철수였다. 엎어진 밥그릇 앞에서 식탁을 움켜쥐고 서 있던 철수가 눈물을 펑펑 쏟으며 울고 있었다. 옆자리의 아들 정재가 손을 뻗어 철수의 어깨를 감싸 안았다. 그렇게 얼마간의 시간이 흘렀다. 식탁 위에 차려진 음식들은 이미 식어 있었고 분위기는 무겁게 가라앉아 있었다.

"대들고 싶었어요. 나도 때리고 싶었어요. 맞은 만큼 때려 주는 게 맞다고 생각했어요. 형이 나를 때리는데 나는 형을 못 때리는 건 공평하지 않다는 생각도 했어요. 그렇지만 나는 형을 때리지도 못했고 대들지도 못했어요. 겁났거든요. 죽일까 봐. 정말 죽일 것처럼 때렸거든요. 죽일 수도 있을 것 같았거든요. 따지고 싶었어요. '왜 나하고 한 약속 왜 안 지키냐?' 따지고 싶었어요. 하지만 오랫동안 매질을 당하는 동안 사라져버린 용기를 불러낼 수가 없었어요. 그때 옆에 영희가 있었어요. 용기 없는 나 때문에 멸시당하고 업신여김 당하고 벌레 취급 당하는 영희가 보기 싫었어요. 나를 보는 것 같아서. 형들의 방식대로 영희를 대했죠. 보기 싫을 때, 마음이 불편할 때, 불행하다고 느껴질 때, 속상한 일이 있을 때. 형들이 나를 때리는 것으로 그것들로부터 벗어나고자 한다는 걸 알고 있었거든요. 아는 게 그거밖에 없었습니다. 보아온 게 그거밖에 없었습니다. 그래서 때렸습니다. 형들이 나를 때렸듯이 나도 영희를 때렸습니다."

모두가 숨을 죽인 채 철수를 지켜보고 있었다. 철수의 눈에서는 눈물이 줄줄 쉴 새 없이 흘러내렸고 아들 정재가 감싸고 있는 어깨는 떨고 있었다.

"때리지 말라고. 때리면 아프다고. 엄마도 접시도 동생도 때리면 안 된다고 말려 준 건 내 딸 진아였습니다. 내 딸이 말려줘서. 내 딸이 말려준 덕분에 폭력은 멈출 수 있었습니다. 내가 맞았을 때 아픈 것처럼 내가 때려도 아프구나, 알았거든요. 미안하다고 말하고 싶었어요. 해야 할 것 같았어요. 나는 형도 나한테 미안하다고 말하고 싶을 거라 생각했어요. 내가 영희한테 미안한 것처럼 형도 나한테 미안할 것이라고. 기다렸습니다. 형이 미안하다고 말해주기를."

정재가 손수건을 꺼내 철수의 얼굴에 흐르는 눈물을 닦아내면서 눈시울을 붉혔다.

"형이 갑자기 죽어 버렸습니다. 미안하다는 말 한 마디 없이. 한 마디면 다 용서할 수 있었는데. 그깟 매질 다 잊을 수 있었는데. 형이 갑자기 죽어 버려서…."

"형이 죽어서 충격 안 받은 사람 있어? 누구는 그 죽음을 예상했냐고?"

"그래도 그냥 살아야 한다고 생각했어요. 그래도 나를

형이라고 불러주는 최가 있었으니까요."

사람들의 시선이 일제 최에게로 쏠렸다.

'무슨 소리야? 최하고 철수가 그런 사이였어?'

저마다 어리둥절한 표정이었다. 철수의 입에서 자신의 이름이 나오자 최는 몹시 당황한 얼굴로 어쩔 줄 몰라 했다.

"그랬는데…."

철수가 말을 이어가자 사람들의 시선은 또다시 철수의 입을 향해 움직였다.

"최마저 떠나가겠다고 했을 때, 나 같은 건 더 이상 살 가치가 없다고 생각했어요. 그래서 죽어버리고 싶었는데. 죽어버리는 것 외엔 다른 길이 없다고 생각했는데. 형이 죽었을 때 가슴 아팠던 걸 생각하니 죽을 용기가 생기지 않았어요. 내 딸과 아들과 영희가 나처럼 슬플까 봐. 그래서 날마다 생각했어요. 나처럼 아무짝에도 쓸모없는 인간은 먼지처럼 부서져 사라져 버렸으면 좋겠다, 그랬으면 정말 좋겠다."

철수 얘기를 듣고 있던 영희가 쟁반을 머리 위로 집어든 다음 힘껏 내리치며 소리를 질렀다.

"그래? 먼지처럼 부서져 사라져 버렸으면 좋겠다고? 그런데 이렇게 허우대가 멀쩡해서야 언제 부서져 먼지가 되고 모래가 되겠니? 이리 와. 내가 오늘 아주 너를 잘게 잘게 부숴서 가루를 내줄게. 먼지를 만들어 줄게."

영희가 내리친 쟁반은 요란한 소리와 함께 철수의 머리 위에 부딪혔다. 그 서슬에 국그릇이 엎어지며 철수 바지 위로 쏟아졌다. 그 소리와 광경에 놀란 사람들이 어쩔 줄 모르고 서로의 얼굴을 마주보고 서 있는데, 철수 동생 영희의 시누이가 소리를 지르며 달려들었다.

"이 언니가 아주 미쳤고만. 미쳤어. 아무리 미쳤어도 그렇지 어디서 남편 머리통을 내리치고 난리야? 난리가."

반찬 그릇들이 밀려나면서 떨어지고 엎어지고 쏟아졌다.

"그래! 나, 미쳤다. 뒈지고 싶어서, 먼지가 돼서 사라지고 싶어서 밥을 안 쳐먹겠다는 서방 두고 안 미칠 년 있으면 나와 보라고 그래. 나와 보라고. 너, 이철수, 이 미친 놈! 뭐가 어쩌고 어째? 뒈지는 것 말고는 길이 없다고? 사라지는 것 말고는 아무것도 생각이 안 난다고? 그래서 끼니 때마다 그 난리를 피워가며 사람 피를 말렸다고? 못 뒈질까 봐? 못 사라질까 봐?"

영희는 이미 이성을 잃고 있었고 집 안은 아수라장으로 변했다.

이성을 잃은 영희가 휘두르는 현란한 쟁반질에 철수의 머리통은 산발된 머리칼이 뒤엉켜 쑥대밭이 되었고, 달려

들다가 쟁반에 맞은 시누이는 입술이 터져 피를 흘리고 있었다. 피를 본 영희의 두 동서가 시누이에게로 달려가 피를 닦느라 소란을 피우는 동안에도 철수를 향해 내리치는 영희의 쟁반질은 멈추지 않았다.

"형!"

보다 못한 최가 나섰다. 영희가 철수를 내리치던 쟁반을 들고 최에게 달려들며 악을 썼다.

"형? 당신이 뭔데 철수한테 형이래? 당신이 뭔데 철수를 형이라고 불러? 제 끼니도 못 지키는 주제에. 당신이 차 버린 게 뭔지나 알아? 당신은 철수가 차려준 끼니를 차 버린 거야. 끼니에 담긴 철수의 마음을 차 버린 거라고. 그런 주제에 뭐? 환경? 관광? 복지? 끼니도 못 챙기는 당신이 뭘 하겠다고? 형? 다시는 철수를 형이라고 부르지도 마. 어디다 대고 누굴 보고 형이래? 누가 당신 형이야?"

정재가 달려들어 키가 큰 최에게 매달려 쟁반을 휘둘러대는 영희의 손을 잡았다. 그리고 최의 손을 잡고 철수의 어깨를 감싼 다음 밖으로 나갔다.

"참 나 원. 누가 밥 해달랬나? 사람 오래 놓고 이 무슨 난리래?"

영희의 동서들이 씩씩거리는 시누이를 잡아끌고 사라졌다.

"엄마!"

진아가 탄식하듯 엄마를 불렀다.

성자가 재미있다는 얼굴로 "후후" 하고 소리 내어 웃었다.

10. 내 집, 내 여자, 내 자식

이른 새벽. 영희의 떡방앗간.

떡을 썰고 있는 영희 앞에 진아와 정재. 송이와 성자가 들어섰다.

"일이 손에 잡히냐?"

성자가 물었다.

"오늘 출근들 안 하니?"

"안 그래도 지금 가려는 중이다. 근데 너도 참 대단하다."

"뭐가?"

"그 난리를 피웠으면 사람들 보기 민망해서라도 하루쯤 쉬어줘야 되는 거 아니니?"

"민망하다고 끼니를 거르니?"

"뭐?"

"여긴 내 끼니고. 내 집, 내 사람, 내 자식이야. 내가 '나는 사람이어라'를 말할 수 있는 근본이라고. 그 어떤 이유로도 비워선 안 되고. 비울 수 없는."

"언제는 쌀국수 집이 살길이라며?"

"그래서 비싼 수업료 냈어. 내고 배웠어. 여기 비워선 안 되고, 떠나면 안 된다는 거. 내가 꿈꾸던 만큼의 성공은 기대할 수 없지만 나를 찾는 마지막 남은 손님 한 분한테까지 최선을 다하려고."

"철수랑은 뭐 그냥저냥 보고 지내게?"

"철수보고 떠나라 그래. 밥투정 계속하는 꼴 이젠 더 못 본다고."

아들 정재가 등 뒤에서 영희의 어깨를 감싸 안았다.

"너, 뭐야?"

영희가 물었다.

"아들입니다."

"떡방앗간에 아들이 꼭 필요치는 않다."

"사람이어라. 어머니."

영희가 몸을 돌려 커다란 정재를 가슴에 안았다.

"그래, 내 아들. '사람이어라' 말할 수 있는 사람으로 살아줘. 사람을 알아보고, 사람을 사람으로 대접하며, 사람으로 대접받는 '나는 사람이어라' 그런 사람 아이들을 기르는 사람이 되어줘. 아들."

"그렇다면 어머니, 무엇을 위해 살까요?"

"내 집! 내 여자! 내 자식."

"그것들이 그렇게 중요할까요? 첫째로 꼽힐 만큼?"

"내 집, 내 여자, 내 자식을 제대로 지켜내지 못하는 놈들이 나라를 위해 일한다는 거. 민족을 위해 일한다는 거. 믿지 마. 말짱 헛소리야, 아들."

"그렇다면 내 집, 내 여자, 내 자식을 온전히 지켜내기 위해선 무엇을 해야 할까요? 어머니."

"끼니에 목숨을 걸어. 제대로 된 끼니. 그것을 챙기는 데 목숨을 걸라고. 다이어트 한답시고 영양실조로 쓰러지게도 말고. 너무 먹어 자귀 나게도 말고."

"그러면. 제대로 된 끼니를 챙기고 내 집과 내 여자와 내 자식들을 온전히 지키면 어디에 가서도 누구 앞에서도 '사람이어라' 말할 수 있는 건가요? 말해도 좋은 건가요? 어머니."

"내 어머니는 나를 그렇게 길렀다."

송이가 운전하는 자동차 뒷좌석에 성자와 진아가 나란히 앉아 있다.

"진아야! 올라갈 땐 니가 운전하기로 한 거 아니었냐?"

송이가 물었다.

"그랬지, 언니. 그런데 언니, 이모 옆에 앉는 거 괜찮겠어? 지금 이모, 언니 뒤통수를 보는 것도 힘들어 하시는 거 같던데."

"괜찮지, 그럼. 그런데 그냥 니가 엄마 옆에 있어라."

"이모! 근데 엄마가 우리 아빠 진짜로 내쫓는 거 아니겠죠?"

"영희가 철수를 어떻게 내쫓니?"

"왜요? 어제 두들겨 패는 거 보셨잖아요."

"영희 걘 철수 못 내쫓는다니까."

"어떻게 장담하세요?"

"영희 그게 펄펄 뛰고 난리를 피지만 사실은 철수를 사랑한다니까."

"사랑은 무슨. 이모 눈엔 두 사람 하는 짓거리가 사랑처럼 보여요?"

"사랑인데 사랑인 줄을 모르는 거야. 둘 다."

"그런 게 어딨어요?"

"어딨긴. 저기 느이 집에 있잖냐."

"근데 정말 둘 다 몰랐을까요? 사랑인지 미움인지."

"영희는 알았을 수도 있지."

"알았다면 왜 모른 척했을까요?"

"쪽팔리니까 그랬겠지."

"쪽팔려요? 사랑이?"

"아니. 철수가."

"우리 아빠가 왜요?"

"솔직히 철수가 좀 어디 내놓기 그렇긴 하지."

"그렇게 쪽팔리는데 엄마는 왜 아빠를 사랑했을까요?"

"너는 그놈 왜 사랑하는데?"

"예? 이모! 언니!"

진아가 부르자 송이가 대답했다.

"나, 아니다. 나 부르지 마. 사랑이 흉도 아니고. 흉이 겁나는 세상도 아니고."

문자를 읽어 내려가던 진아가 성자를 불렀다.

"이모! 큰엄마들이랑 고모가 아무리 생각해도 쪽팔리고 모양 빠져서 사과 같은 건 못하겠고요. 대신 엄마를 시집보내기로 했대요. 결혼식은 근사한 야외예식장 빌려서 할 거래요. 드레스는 새로 맞추고 패물로는 보석 세트를 준비하기로 했대요. 이모 모시고 오라는데요."

"신랑은 어떤 놈이래?"

"이철수라는 사람인데 엄마하고는 오래전부터 아는 사이라고…"

"그 자식 결혼식엔 나 안 가."

"왜요?"

"내가 미쳤냐? 한 사람 결혼식에 두 번이나 가서 축의금 내가면서 못 볼 꼴 보게."

"이번에는 못 볼 꼴 안 보인다는데요."

"됐다고 그래. 그때도 가고 싶어서 간 거 아냐. 중신애비가 돼 가지고 안 가면 영희년이 절대로 가만 안 있을 것 같아서. 그래서 갔던 거야. 근데 이제 즈이들끼리 눈 맞아서 시집을 간다는데 거길 내가 왜 가니?"

"이모!"

"나 부를 거 없어. 잘 생각해서 해. 송이나 너나 이것이 길인지 벽인지. '사람이어라' 할 수 있는 일인지. 생각해 보라고. 느이 엄마처럼 수업료를 일억씩이나 퍼들이고 나서 모양 빠질 거 다 빠지고 나서. 그때 가서 징징거리지 말고."

"이모! 우리는 아녜요. 언니와 나는 엄마처럼 피곤하게 안 살아요."

"살아들 봐라. 이년들아. 살아내는 일이 생각처럼 만만하기만 한지."

송이.

엑셀을 밟은 발에 힘을 준다.

부아앙!

자동차가 속력을 높여 달리기 시작한다.

깃발 두 남자 이야기

1판 1쇄 인쇄 _ 2019년 10월 25일
1판 1쇄 발행 _ 2019년 11월 1일

지은이 _ 조정희
펴낸이 _ 이형규
펴낸곳 _ 쿰란출판사

주소 _ 서울특별시 종로구 이화장길 6
편집부 _ 745-1007, 745-1301~2, 747-1212, 743-1300
영업부 _ 747-1004, FAX 745-8490
본사평생전화번호 _ 0502-756-1004
홈페이지 _ http://www.qumran.co.kr
E-mail _ qrbooks@gmail.com / qrbooks@daum.net
한글인터넷주소 _ 쿰란, 쿰란출판사
페이스북 _ www.facebook.com/qumranpeople
인스타그램 _ www.instagram.com/qrbooks
등록 _ 제1-670호(1988.2.27)
책임교열 _ 송은주·최진희

© 조정희 2019 ISBN 979-11-6143-304-2 03230

책값은 뒤표지에 있습니다.
이 출판물은 저작권법에 의해 보호를 받는 저작물이므로 무단 복제할 수 없습니다.
파본(破本)은 구입처에서 교환해 드립니다.